TAROT
Die zweiundzwanzig Bewußtseinsstufen des Menschen

D1664139

TAROT

Die zweiundzwanzig Bewußtseinsstufen des Menschen

Erläutert von Elisabeth Haich

mit einem Vorwort von
Dr. Ewalt Kliemke

DREI EICHEN VERLAG

Die französischen Benennungen auf den zweiundzwanzig Karten sind teilweise irreführend, konnten jedoch aus technischen Gründen nicht geändert werden. Maßgebend sind die deutschen Kapitelüberschriften.

Sie finden uns jetzt auch im Internet:
www.drei-eichen.de

ISBN 3-7699-0599-7
Verlagsnummer: 599

Umschlaggestaltung: 2005 Werbung und Direktmarketing, München

7. Auflage 2000

Gesamtherstellung: Ebner Ulm

VORWORT

Mit Fanfaren der Bejahung begrüßen wir dies Tarotbuch. Aus einem Vollbewußtsein der Lebenswachheit, einer Macht imaginativer Hellsichtigkeit ist es geschrieben, die das immer neu im Hier und Nun des Lebens uns Gegebene – eine Rose, einen blühenden Baum, einen Vogel – so eindringlich lebendig und umfassend schaut, so tief innerlich in der Seele ergreift, daß der Erlebende im Vergänglichen das Überzeitliche, im Raumgestaltenden das überräumlich Bildende miterfaßt. Zu solcher Intensiv-Beziehung zum Leben in seiner Weite und zum konkreten Lebens-Gegenüber erzieht es auch. Bilddenken, Symbolschau wird von Stufe zu Stufe geübt, bis an den weise gefügten Bildern die Seele zu eigener Intuition gelangt.

Der Geist, der aus den alten Karten zu uns spricht, reicht mit seinen Wurzeln bis in die Tiefen altägyptischer Esoterik. Und jede Seele, welche die Bilder zu neuem Leben in sich erweckt – im ewig gleichen Spiegel des Menschheitslebens erfaßt sie zarteste Schwingungen uralter Vergangenheit in steter Gegenwärtigkeit. So war es einmal und so wird es ewig sein, das Bild der Zusammenhänge und Bindungen zwischen dem, was uns »gewesen«, »daseiend« und »noch auf uns zukommend« scheint. Im Spiel des Lebens wird auseinandergefächert, was in den Tiefen doch so einheitlich zusammengehört.

Immer von neuem kommt es daher auf den einzelnen an, auf seine eigene Erkenntnis und seinen eigenen Mut, um den Weg durch das Labyrinth des Schicksals zu finden, das aus seinen ureigenen Verflechtungen von Vergangenheit, Gegenwart und Zukunft gewoben ist. Der Ariadnefaden wird ihm hier gegeben.

Das Schlüsselwort heißt Integration: Ganzwerden, Heilwerden und Einswerden – und das bedeutet: Ganzmachen, Heilmachen, Einigen, denn nur dadurch wird man es selbst. Der hier aufgeschlossene Tarot weckt im Symbol-Erkennen und Vermitteln bei der Schau der Entsprechungen zwischen dem Menschen und seinem Schicksal ein tieferes Erfahren und ein ganzheitlicheres Einverwandeln des immer mit Symbolkraft uns anredenden Lebens, das tätige Antwort von uns verlangt. Das geschieht an dem Vorbild des Künstlerauges, das hier so rein und richtig sieht, an der Übertragung des religiös-ethischen Aufwärts-Impulses, und durch die pädagogisch behutsame Art der Darstellung, die Schritt für Schritt aufwärts führt.

Symbole erleben oder von Symbolen ergriffen werden, ist eins. Es bedeutet, im Ganzen seines Menschentums bewegt und erhoben zu werden. Symbole durchdringen mit ihrem Anruf den Menschen mit einer Macht, die aus der Höhe des Menschheitsgeistes kommt und damit zugleich aus der Höhe des jedem Wesen und jedem Menschen dienenden, wenn auch ihm überbewußten Geistes. Symbole erneuern den Menschen in seiner Schöpferkraft, wenn er ihnen (wozu er hier angeleitet wird) in seinem Innern die rechte Antwort findet. Denn sie sind schöpferische Energiemitten der alles Leben durchwohnenden, dem Menschen aber innewohnenden Geistesmacht. Wer ohne Antwort auf die drängenden Fragen der Sphinx in seinem Innern bleibt, stürzt in den Abgrund des Unterbewußten.

Mit der faszinierenden Leuchtkraft ihrer künstlerischen, bildnerischen Begabung zeigt die Verfasserin an jeder der 22 Karten die entsprechende Bewußtseinsstufe des Menschen auf. Die Tarotkarten sind mit ihrer Deutung der Spiegel, in dem der suchende Mensch sich selber oder einen seiner nächsten Menschen sehen und seinen

– oder auch dessen – Standort auf der Entwicklungsleiter zum wahren Menschen ablesen kann. Die Weisheit Ezechiels, die auch die Weisheit des Origines ist, nennt einen ganzheitlichen, einen wahren Menschen den, der mit dem Menschheitsgenius in sich, mit seinem ewigen Selbst, vereinigt ist; sie nennt ihn zum Unterschied vom bloß naturgeborenen einen gottgeborenen »Menschen-Mensch«. Wir Menschen werden alle als »Mensch« geboren, aber nicht wir alle werden »Menschen-Mensch«, potenzierter Mensch gleichsam, nur wenn wir gut und fromm sind, sagt Origines. Der wahre Mensch und der äußere, leibliche in Einung sind der Menschen-Mensch – wenn das Gottesbild im Menschen erneuert oder wiederhergestellt ist.

Zu solcher Erkenntnis und Integration leitet der recht verstandene Tarot. – Die Sprache unserer Tarotdeutung ist schlicht, mit dem dynamischen Timbre der ungarischen Muttersprache der Verfasserin, in den Veranschaulichungen ursprunghaft rein und natürlich, so daß Menschen aller Alters- und Reifestufen, Anfangende wie Erfahrene, gefördert werden können. Wo auch der einzelne auf dem Weg zur Einung mit seinem Genius halten möge – an so kundiger Hand Symbole lesen, im ruhigen Anschauen Symbole auf sich wirken lassen, dann ihrem Weben im Innern folgen, bis aus dem Schweigen der Seele sich eigene weisende Worte und Bilder erheben, das schließt wesentliche Kräfte auf.

Die Seele denkt in Bildern. Die Seele lebt in Bildern. Die Seele nährt sich vom strömenden Fluß der Bilder. Von den Erfahrungen der Menschheit von Anbeginn wird die Seele und werden ihre Bilder gespeist. Kein Begriff faßt die im Urgrund der Seele ruhenden und nun aufsteigenden erschütternden und beseligenden Bilder. Intuition erlebt und wiedererkennt in hellem Gleichnisbild das im Innenlicht Erfahrene. So durchschreitet hier der Leser die Bereiche des Lebens. Die Symbolik der Töne, der Rhythmen, der Farben und Formen des Lebens tut sich auf, das Elementar-Reich, das Reich der Gesteine, Pflanzen, Tiere öffnet sich, das Reich des Menschen und seiner Situationen erscheint. So spricht uralte Menschheitsseele durch den Mund modernen Geistes – und sie erweist sich als ewig jugendlich, immer im Anfang neuer Wunder stehend, immer mit ihrem Leben von vorn beginnend in der Unerschöpflichkeit ihrer alle Wesen umspielenden Wärme. Denn die Menschheitsseele wie die Seele des einzelnen Menschen lebt nur liebend. Nie erstarrt beseeltes Leben im kargen Gleichtakt der Mechanei. Es beseelt immer von neuem, von irgendeinem Geist beflügelt, und trägt auf seinen Schwingen verwandtes, geliebtes Leben allem zu, was ihm begegnet.

So rührt auch dieses Buch verborgene Schichten der Seele an und weckt in ihnen Leben, das sonst im Unbewußten wie verloren schliefe. Es öffnet unsern Innenraum, und Seeleninhalte strömen uns zu, die in anderen Generationen nur ganz Vereinzelten zugängig waren. So kommen wir durch die Bilder hindurch in eine Wesensregion, die uns in sich hineinzieht und mit ihren Kräften speist und lädt. Denn Konzentration auf ein Objekt macht das Subjekt durchlässig für die Kräfte des Objekts. Das Subjekt gerät in Schwingungskontakt mit dem Objekt und dadurch in Verbindung mit der Region, aus der das Objekt stammt.

Immer hat es Fackelträger gegeben, die alte Menschheitsweisungen aus eigener Schöpferkraft neu in sich wahr machten. So ist nun auch der Tarot in einer Zeit der Seelenkälte und des Intellekts neu aufgeschlossen worden. Die Sprachen haben sich geändert – die Bilder sind geblieben. Die weltbekannte Verfasserin hat mit diesen schönen Tarotkarten und ihrer ebenso gründlichen wie allverständlichen Ausdeutung ein pädagogisches Meisterwerk der Lebenseinweihung geschrieben. Aus umfassendem Seinsverständnis und inniger Selbsterfahrung in der Einung mit ihrem Genius hat sie das Werden des Menschen zum Menschen dargestellt an den Bildern der 22sprossigen Himmelsleiter, an der jede Sprosse nach der Idee und dem Lebensplan des Menschen eine Erfahrung für die nächste Sprosse ist.

Möge das Werk seinen Weg durch die Welt finden und vielen Menschen Licht und Hilfe sein.

EWALT KLIEMKE

VORBEMERKUNG

Als die Nachfrage nach den psychologischen Erklärungen dieser
Karten immer stärker wurde, fühlte ich mich gedrängt, die Erklärung der großen Arcana des Tarot in Buchform herauszugeben, mit
der Absicht, den Menschen bei der großen Arbeit, sich selbst kennenzulernen, mit diesem wunderbaren Mittel zu helfen. Da mußte
ich unter den zahlreichen Tarotkarten diejenigen wählen, welche als
Illustrationen zu meinen Erklärungen am besten dienen konnten. Die
Tarotkarten wurden leider oft von Menschen nachgezeichnet und
dargestellt, die von den inneren symbolischen Bedeutungen dieser
Karten keine Ahnung hatten. Natürlich haben sie diesen inneren
Sinn dann aus Unwissenheit total verfälscht. Diese falschen Karten
mögen zum Kartenlegen gut sein, nicht aber dazu, die verschiedenen seelischen Zustände des Menschen wiederzugeben. Der einzige
Tarot, der ohne Zweifel von einem echten Eingeweihten stammt,
und zu meinem Zweck einwandfrei geeignet ist, sind die Tarot-
bilder, die Oswald Wirth so gezeichnet und koloriert hat, wie es
ihm der junge und frühverstorbene Eingeweihte Stanislas de Guaita
diktiert hatte. Diese Karten zeigen gleichermaßen künstlerisch schöne
Bilder und einwandfreie symbolische Darstellungen ihres tieferen
Sinnes. Wir geben in der Folge die Erklärung dieser Tarotkarten aus

psychologischer Sicht. Die Karten sind die Darstellungen der Bewußt-
seinsstufen des Menschen vom ersten Bewußtwerden, vom ersten
Erwachen, bis zum göttlichen ALLBEWUSSTSEIN, bis zum EINSWER-
DEN MIT GOTT.

*   *   *

An dieser Stelle sei noch ein herzliches Dankeswort an einige Freunde
gerichtet, die bei der sprachlichen Überprüfung des Textes wertvolle
Hilfe geleistet haben.

WAS IST »TAROT«?

Der Mensch ist wie ein Mosaikbild.

Das Mosaikbild besteht aus vielen verschiedenfarbigen Steinchen, die nach einem bestimmten Muster zusammengestellt sind, bis daraus ein schönes, zusammenhängendes Bild wurde.

Auch der Mensch ist nach einem bestimmten inneren Muster aus vielen verschiedenen Eigenschaften, Fähigkeiten und Begabungen wie aus Mosaiksteinchen zusammengestellt, bis er ein zusammenhängendes Bild, eine Individualität, wurde.

Wie ein Künstler aus denselben Steinchen, nach unendlich vielen Mustern in unzähligen Variationen, die verschiedensten Bilder zusammenstellen kann, so werden die Menschen auch aus denselben Eigenschaften, Fähigkeiten und Begabungen, nach unendlich vielen und verschiedensten inneren Mustern in unzähligen Variationen als die verschiedensten Individualitäten geschaffen.

Welch ein Bild unter der Hand eines Künstlers aus denselben Steinchen entsteht, hängt rein davon ab, nach welchem Muster er arbeitet; das heißt, in welchem Verhältnis er die Steinchen zueinander und untereinander zusammenstellt. So kann er die verschiedensten Bilder schaffen, je nachdem, für *wen* er ein Bild macht, *wohin* das Bild kommen wird, *was für Wirkungen* es hervorrufen und *welcher Art*

Menschen es gefallen soll. Er kann aus denselben Steinchen andacht-erregende religiöse Bilder für Kirchen, Friedhöfe oder andere der Religion dienende Räume schaffen oder er kann allegorisch-symbolische Bilder für wissenschaftliche Räume wie Schulen, Universitäten oder Bibliotheken entwerfen. Der Künstler kann auch wieder lustige, fröhliche Bilder für Unterhaltungslokale wie Theater oder Ballsäle machen, oder er kann sogar trieberregende und obszöne Bilder für Lokalitäten gestalten, in denen nur Halbwelt und seelisch niedrig-stehende Menschen verkehren.

Und alles das aus *denselben* verschiedenfarbigen Steinchen!

Bei dem Menschen ist es genauso. Aus denselben Eigenschaften, Fähigkeiten und Begabungen entstehen die verschiedensten Individualitäten. Aber ob aus denselben Eigenschaften und Fähigkeiten ein unwissender, chaotischer, niedrigstehender Mensch wird, oder, durch die ganze Skala der Möglichkeiten, ein erhabenes, hochstehen-des, eventuell höchstes Wissen besitzendes Wesen wird, hängt rein davon ab, nach welchem inneren Muster der Mensch aufgebaut wurde, das heißt, in welchem Verhältnis seine Eigenschaften in ihm zueinander stehen.

Während aber der Künstler aus seinen Steinchen *bewußt* die ver-schiedensten Bilder schafft, ist sich der Mensch seines inneren Musters, seines inneren Bildes, nach welchem er aufgebaut wurde, voll-kommen *unbewußt*.

Bei einem Bild ist es offensichtlich, in welchem Verhältnis die Stein-chen zueinander und untereinander stehen, also sieht man klar, was das Bild darstellt, folglich ist auch klar, wohin das Bild gehört, wo es seinen Platz haben wird, welcher Art Menschen es gefallen oder nicht gefallen wird. Somit ist auch das ganze Schicksal des Bildes vorauszusehen. Der Mensch kann aber weder sein eigenes Bild sehen, noch sein Schicksal voraussehen. Er sieht und kennt das Muster nicht, nach welchem er aufgebaut wurde. Noch weniger weiß er, daß dieses innere Muster ER SELBST IST! Wenn er dieses innere Muster, das er selbst ist, kennen würde, wenn er also SELBSTERKENNTNIS hätte, könnte er auch sein ganzes Schicksal klar vor sich sehen, und mit sicheren Schritten im Leben vorwärtskommen. Der Durchschnittsmensch kennt aber weder sich selbst, noch sein Schicksal und tappt im Leben herum wie ein Kind in der Finsternis.

Es waren aber schon in vorgeschichtlichen Zeiten und sind noch heute Eingeweihte auf Erden, welche die »farbigen Steinchen« des Menschenbildes, das heißt die seelischen Grundelemente und die sich daraus entwickelten Fähigkeiten, Eigenschaften und Begabungen, aus welchen ein Mensch nach seinem inneren Muster aufgebaut wurde, gekannt und in verschiedenen Bildern dargestellt haben. Diese Darstellungen sind so treffend und mit einem solchen tiefen psychologischen Wissen gestaltet, daß sie nicht nur den betreffenden seelischen Faktor, sondern gleichzeitig auch dessen Ursache und auch seine Wirkung darstellen. Sie zeigen also nicht nur die Grundeigenschaften, Fähigkeiten und Charakterzüge des Menschen, sondern auch die Quelle dieser Eigenschaften und die Reaktionen, die sie in der Außenwelt auslösen. Kurz gesagt, zeigen sie das ganze Schicksal des Menschen.

Diese vorgeschichtlichen uralten Darstellungen, aus welchen das gesamte Bild der verschiedensten Menschen zusammengestellt und erkennbar gemacht werden kann, sind die Tarotkarten. Als Begriff: der Tarot.

Der Tarot besteht aus 78 Tarotkarten. Davon werden 56 Karten als die »kleine Arcana« und 22 Karten als die »große Arcana« bezeichnet.

Um die kleinen Arcana zu verstehen, müssen wir bedenken, daß alle seelischen Grundelemente, aus welchen ein Mensch zusammengesetzt ist, aus einer einzigen Urquelle stammen, in welcher noch alles in einer Einheit ruht. Aus dieser Urquelle gehen stufenweise alle Offenbarungen bis zur vollen Entfaltung hervor. So wie eine Pflanze aus einem Samen herauswächst und durch verschiedene Entwicklungsstufen geht, vom ersten Keimblättchen über Knospe und Blume bis zu ihrer allerhöchsten Leistung, bis zur Frucht. Diese Stufen der Entfaltung des Menschen haben die Eingeweihten in vierzehn zusammenhängenden Bildern dargestellt.

Die erste Karte trägt die Zahl EINS, aus welcher alle weiteren Offenbarungen stammen. Aus ihr entspringen die weiteren Zahlen bis zur Zahl ZEHN, die wieder die Zahl EINS ist, verbunden mit dem das Universum darstellenden Kreis, der NULL. Diese steigenden Zahlen zeigen, wie der Mensch vom Anfang seiner Entwicklung an in seinen Fähigkeiten immer höher steigt, immer wertvoller wird, bis er aus dem Massenmensch eine Persönlichkeit wird. So kommen in den Darstellungen nach den zehn Zahlenkarten vier Figurenkarten mit steigendem Rang: der Page, der Reiter, die Königin, und zum Schluß der über alle anderen Karten herrschende König. Dies zeigt wie der Mensch aus einer schwachen eine immer stärkere Persönlichkeit wird. Den größten Wert hat aber dennoch die erste Karte, die Zahl EINS, die man in den Kartenspielen das As nennt. Darum schlägt die EINS, das As, alle anderen Karten, denn diese ist der Vater aller weiteren Offenbarungen. Aus ihr sind alle anderen Stufen hervorgegangen. Die zehn Zahlenkarten und die vier Figuren ergeben zusammen vierzehn Karten.

Diese vierzehn Entwicklungsstufen offenbaren sich aber durch die vier Elemente, welche die heutige Wissenschaft »Aggregatzustände« nennt. Diese sind nach der alten Benennung: Feuer, Luft (gasförmig), Wasser (fließend) und Erde (fest). Diese Elemente sind auf den Karten mit vier verschiedenen Symbolen dargestellt: Zepter, Schwert, Münze und Kelch. In jedem Symbol sind jeweils die vierzehn Entwicklungsstufen in den vierzehn Karten dargestellt; so machen viermal vierzehn Karten die 56 Karten aus. Diese 56 Karten sind die »kleinen Arcana« des Tarot.

Die »großen Arcana« stellen das Prinzip dar, das die durch die 56 Karten dargestellten Eigenschaften des Menschen beherrscht. Dieses Prinzip ist das *Bewußtsein* des Menschen. Denn *wie* und *wozu* er seine Fähigkeiten und Begabungen gebraucht, ob richtig oder falsch, ob segensreich oder fluchbringend, hängt von seiner *Bewußtseinsstufe* ab.

Um weiter bei unserem Gleichnis zu bleiben, müssen wir bedenken, daß ein Mosaikbild leblos ist, aus toter Materie besteht und von einem *außerhalb stehenden* Künstler aufgebaut wird. Der Mensch ist aber selbst der Künstler, der sein eigenes persönliches Bild nach dem inneren Muster von innen nach außen aufbaut, und er selbst ist es, der sein inneres Bild, seinen Charakter, durch seine materielle Hülle offenbart. Am Anfang seiner Entwicklung ist er seiner Lage vollkommen unbewußt. Er baut sein Ebenbild unbewußt nach den Gesetzen der Natur auf. Da er keine Selbsterkenntnis hat, lebt er in seinem eigenen Bild wie ein Gefangener in einem Kerker, den er selbst für sich gebaut hat, und statt Herr darüber zu sein, ist er Sklave. Folglich ist er aber auch der Sklave seines eigenen Schicksals. Das Schicksal wirft ihn in diesem unbewußten Zustand hin und her wie ein steuerloses Schiff im Sturm. In seiner Verzweiflung sucht und erwartet der Mensch die Hilfe von außen her und hat keine Ahnung davon, daß er die wahre Hilfe, die Befreiung aus diesem blinden Herumirren, aus diesem Sklaventum, einzig und allein in sich selbst finden kann.

Aber gerade durch diese Schicksalsschläge, die er selbst in seiner Unwissenheit verursacht, erwacht er eines Tages. Er besinnt sich und wird in sich bewußt. Er bemerkt, daß er *da* ist, daß er überhaupt existiert! – Aber von diesem ersten Erwachen, von diesem ersten aufflackernden Zustand des Selbstbewußtseins bis zum Endziel, dem göttlichen und vollkommenen Allbewußtsein, liegt noch ein langer Weg der Entwicklung vor ihm. Dann hat der Mensch kein Unbewußtes mehr, das hinter seinem Bewußtsein wirkt. Er hat die vollkommene Freiheit erreicht. Über alle Kräfte, die ihn aufgebaut haben und in ihm wirken, wurde er Herr. Das ganze Weltall wurde aber mit den gleichen schöpferischen Kräften aufgebaut wie der Mensch selbst. So ist der Mensch fähig, dieselben Kräfte auch in anderen Menschen und im ganzen Weltall zu beherrschen, wenn er diese Kräfte in sich bewußt gemacht und beherrschen gelernt hat. In diesem Bewußtseinszustand ist er Herr über alle seine Fähigkeiten, Eigenschaften und Begabungen, die sein Bild in der materiellen Welt aufgebaut haben. Aber gleichzeitig ist er auch Herr über sein Schicksal, weil er in diesem Zustand nicht mehr das unbewußte Muster seines Ebenbildes, sondern der bewußte Schöpfer seiner eigenen Individualität und seiner eigenen Welt geworden ist.

Die Eingeweihten der vorgeschichtlichen Zeiten, die die Tarotkarten geschaffen haben, kannten alle diese verschiedenen Entwicklungsstufen und Entwicklungszustände des menschlichen Bewußtseins. Sie haben diese Bewußtseinsstufen vom ersten Bewußtwerden bis zum göttlichen Allbewußtsein in 22 Bildern dargestellt. Diese Bilder sind die »großen Arcana« des Tarot.

Soweit wir auch auf die Geschichte der Menschheit zurückblicken können, wir finden keine Epoche, in welcher diese Bilder, die großen Arcana der Tarotkarten, nicht schon dagewesen wären. In uralten Zeiten finden wir schon Spuren dieser Karten; sie sind auch die Ahnen aller anderen Spielkarten. In den babylonischen, ägyptischen, jüdischen, mexikanischen, indischen, chinesischen oder noch älteren Kulturen hat man bei den Ausgrabungen Beweise gefunden, daß diese Karten vorhanden waren. Manchmal hat man sie als Wandgemälde, manchmal als Skulpturen in Stein gehauen gefunden, oder auch in Terrakotta gebrannten Tafeln. Diese Funde haben immer und unverkennbar die Tarotkarten dargestellt. Wo man sie auch gefunden hat, zeigten sie eine so erstaunliche Ähnlichkeit, daß man nicht übersehen kann, daß diese Darstellungen aus ein und derselben Quelle stammen. Was aber diese Urquelle ist, wissen wir nicht.

Diese Funde sind jedoch meistens nur Bruchstücke des zusammenhängenden Ganzen. Vollkommen zusammenhängende Tarotkarten würden wir nicht haben, wenn nicht ein Volk auf der Erde wäre, das seine religiösen Traditionen und seine heiligen Schriften so hoch geschätzt hat, daß es diese Traditionen und Schriften während Jahrtausenden, bis zum heutigen Tag unverändert und treu hütet. Dieses Volk sind die Juden.

Die Juden haben ihre religiösen Schriften von Moses erhalten, der in Ägypten eingeweiht worden war. Die tiefsten Geheimnisse der ganzen Schöpfung und des menschlichen Wesens, das ganze geheime Wissen, das er von den ägyptischen Hohepriestern im Tempel gelernt hatte, gab er seinem Volk weiter. Die jüdischen Hohepriester, die eingeweihten großen Rabbiner, hüten die Bücher Moses bis zum heutigen Tag unverändert. Kein »JOD« (das hebräische »I«) durfte und darf daran verändert werden. Das hat einen höchst wichtigen Grund: Moses hat seine Bücher in ägyptisch-hebräischer Schrift ohne Vokale geschrieben. Je nachdem welche Vokale wir nun zwischen die Konsonanten setzen ändert sich der Sinn des Textes. Deshalb ist es so wichtig, daß kein Buchstabe, kein Jod, verändert wird. Moses hat zu seinen Schriften einen geheimen Schlüssel gegeben, nach welchem die Vokale in den Text hineinzusetzen sind. Diesen geheimen Schlüssel finden wir in der Kabbala.

Die Bücher Moses, die aus mehreren Teilen bestehen, bilden die Tora.

Die geheimen Überlieferungen, die auch den Schlüssel der Vokalsetzung in sich halten, sind SEPHER JEZIRAH (Buch der Schöpfung), ZOHAR (Glanz), dahin gehört auch der TAROT und die CLAVICULA SALAMONIS (der Schlüssel, das Siegel Salomons). Das Ganze ist die Kabbala. Wir sehen also, daß der Tarot ein wichtiger Teil der jüdischen Schriften, der Kabbala ist. Kabbala bedeutet Überlieferung.

Die Kabbala ist die Wissenschaft von GOTT und von dem Wesen des Menschen, und von allen Beziehungen, die zwischen ihnen bestehen. Sie lehrt und beweist, daß ALLES IN EINEM und EINES IN ALLEM IST! Denn bevor der göttliche Wille das schöpferische Prinzip, den Logos, aus sich herausschleudert, ruht das ALL in der göttlichen EINS, in GOTT. Wenn die Schöpfung beginnt werden aus der göttlichen Zahl EINS alle anderen Zahlen bis in die Unendlichkeit, geboren. Die Zahlen sind aber unzertrennlich mit den Buchstaben verbunden. Denn die erste Offenbarung des Logos, die erste, allerhöchste göttliche Frequenz, die wie der Horusfalke durch den unendlichen Raum rast und die Schöpfung in Bewegung setzt, sind der TON, der LAUT, also die Buchstaben. Diese ersten Offenbarungen des schöpferischen Willens, die Schwingungen des TONES, bauen nach mathematischen Gesetzen, nach göttlichen Ideen und Gedanken, die ganze Schöpfung auf. Sie wirken in jedem Geschöpf als die belebende Energie, ob das ein Weltsystem, eine Sonne, ein Planet oder ein sich kristallisierendes Gestein, eine Pflanze, ein Tier oder ein Mensch ist. Die großen Eingeweihten kannten die Grundelemente der Schöpfung und den Zusammenhang zwischen den schöpferischen Schwingungen der Buchstaben und der Zahlen, die als mathematische Gesetze in der Schöpfung wirken und die schöpferischen Ideen auf der materiellen Ebene verwirklichen. Sie haben aus diesen Grundelementen und deren Zusammenhängen Bilder geschaffen, von denen ein jedes Bild eine schöpferische Idee, also einen *Begriff*, einen *Buchstaben* und eine *Zahl* darstellt. Diese Bilder sind die großen Arcana des Tarot. Sie bilden in ihrer Gesamtheit die 22 Buchstaben des hebräischen Uralphabets.

Die hebräische Schrift wird, wie jede göttliche Urschrift, von rechts nach links geschrieben und gelesen. Alles, was in einem göttlichen Seinszustand erlebt wird, ist das genau Entgegengesetzte, das genau Umgekehrte von dem, was man in einem aus dem göttlichen Seinszustand herausgefallenen Zustand erlebt, sieht, das heißt schreibt oder liest. Ein Beispiel: Den Buchstaben E, so wie er hier auf dem Papier steht, sieht jeder Mensch von links nach rechts stehend. Wenn ich aber in einem Seinszustand das E *bin*, ist es umgekehrt. Stellen wir uns vor, daß das E auf der eigenen Brust aufgezeichnet ist, dann wird es jeder andere von links nach rechts stehen sehen, ich aber werde es von innen heraus, von rechts nach links stehend erleben, da *ich das E bin*. Dieses Erleben des E heißt das E *sein*.

Wenn wir das verstanden haben wird uns klar, warum die göttlichen Urschriften alle von rechts nach links geschrieben und gelesen werden müssen.

Die Bedeutung des Wortes Tarot ergibt sich in ringförmiger Schriftweise, so daß dadurch ein T überflüssig wird:

```
        T
   O        A
        R
```

Liest man gegen die Uhrzeigerdrehung, so erhält man das Wort
TORA, was hebräisch GESETZ bedeutet. Wenn man von unten, wieder
in hebräischer Weise, im Uhrzeigersinn liest bekommt man das Wort
ROTA, das ein Hinweis auf die ewige Rotation des Weltalls ist.

Da in dem hebräischen Alphabet jeder Buchstabe gleichzeitig eine
Zahl bedeutet, so bekommen wir, wenn wir ein Wort bilden, aus
den Zahlenwerten der Buchstaben eine Zahlenreihe. Wenn wir diese
Zahlenreihe addieren, entsteht eine Quersumme. So hat also jedes
Wort, jeder Name eine Quersumme. Die Bibel ist so geschrieben,
daß bei jedem Wort, bei jedem Namen die Quersumme eine viel
wichtigere Bedeutung hat als man auf den ersten Blick ahnt. Nur ein
Beispiel: so oft der Name des Messias und der Name seines Wider-
sachers, des Satans, vorkommen, sind die Quersummen dieser beiden Namen immer die genauen Spiegelbilder voneinander! Und
diese Regel und dieser Zusammenhang der Zahlen und Buchstaben
herrscht in der ganzen Bibel. Wir können nur ahnen, mit welch
ungeheurem Wissen die Bibel geschrieben worden ist!

In Europa wurde der Tarot außer durch die Juden durch noch ein
anderes Volk bekannt gemacht. Dieses Volk sind die Zigeuner, die
bis zum heutigen Tage die Tarotkarten gebrauchen, um mit ihrer
Hilfe die Zukunft vorauszusagen. Die Bilder ihrer Karten sind aber
ziemlich entartet, besonders die großen Arcana, dennoch erkennt
man eindeutig, daß es sich um Tarotkarten handelt. Mit ihren primitiven Bildern sind sie als »Zigeunerkarten« bekannt. Daß die Zigeuner diese Karten von den Juden bekommen haben, ist sehr zweifel-
haft. Die Juden hüten ihre Geheimnisse, ihre religiösen Überlieferungen vor fremden Augen, und es ist nicht wahrscheinlich, daß sie diese
Karten, die einen Teil ihrer heiligen Schriften bilden, den Zigeunern
ausgeliefert haben. Viel wahrscheinlicher ist, daß die Zigeuner den

Tarot von den Ägyptern oder noch älteren Völkern übernommen haben.*

Wenn das bisher Gesagte richtig verstanden worden ist ist es klar, daß aus den Tarotkarten, wie aus Mosaiksteinchen, das genaue seelische Bild, aber auch das Schicksal des Menschen, dargestellt werden kann.

Wie kann aber der unwissende Mensch das exakte Bild seiner Seele wie ein Mosaikbild auslegen, wenn er das innere Muster, nach welchem er geschaffen wurde, nicht kennt? – Nach welchem Muster sollen die Mosaiksteine, die Tarotkarten, ausgelegt werden, um ein richtiges und nicht ein falsches Bild zu bekommen?

Dazu haben wir eine einfache Methode, deren Richtigkeit sogar mathematisch, mit der Wahrscheinlichkeitsrechnung, beweisbar ist. Kein Lebewesen, folglich auch kein Mensch, kann etwas anderes offenbaren, als was er selbst ist! Jede seiner Äußerungen, jeder Gedanke, jedes Wort und jede Tat offenbaren nur das, was er selbst ist. Seine Schrift, sein Gang, die kleinsten seiner Bewegungen sind das Ergebnis der in ihm wirkenden Kräfte. Nichts ist Zufall, alles ist unmittelbare Offenbarung des bewußten oder unbewußten Selbstes. Folglich ist es auch kein Zufall *wie* ein Mensch die Tarotkarten in die Hand nimmt, *wie* er sie mischt, *wie viele* Karten er beim Abheben wegnimmt und *in welcher Reihenfolge* er infolgedessen die Karten auslegt. Diese Tatsache haben die Menschen schon in uralten Zeiten entdeckt *oder von Eingeweihten gelernt!* Darum ist die Kunst des Kartenlegens, um daraus das innere Bild des Menschen und seine Zukunft zu erforschen, so alt wie die Menschheit selbst.

* Die Zigeuner nennt man englisch »Gipsi«. Dieses Wort würde sagen, daß man die Zigeuner für Ägypter hält. Die Forschung zeigt aber, daß die Zigeuner indoide Menschen sind. Die Zigeunersprache und die Namen der Zahlen sind identisch mit der hindostanischen Sprache. Aber stammen die beiden Völker, die Altägypter und die Inder, nicht aus derselben Urheimat, aus Atlantis? Viele Beweise sind dafür vorhanden, besonders die Äußerungen des Pythagoras darüber.

Wir nehmen also an, daß ein Mensch die Tarotkarten nach den durch Jahrtausende gesammelten Erfahrungen mit der besten Methode in die Hand nimmt, mischt, abhebt, auslegt, und so das ausgebreitete Bild seines Selbstes und seines Schicksals vor sich hat. Ja! Er hat das seelische Bild seines Selbstes ausgebreitet vor sich, aber er versteht es nicht! Er kann es nur dann verstehen, wenn er die innere symbolische Bedeutung jeder einzelnen Karte kennt, sie vollkommen durchschaut und den Zusammenhang, wie die Karten auf dem Tisch nebeneinander und übereinander liegen, also ihre gegenseitige Wirkung aufeinander, erfaßt hat. Um sein eigenes Bild verstehen zu können ist also am allerwichtigsten, daß der Mensch die Bedeutung und den inneren Sinn der einzelnen Karten kennt. Vorläufig schaut er nur auf die Karten wie ein Analphabet auf die Buchstaben. Für den Analphabeten sind die Buchstaben nur schwarze Gebilde auf Papier. Aber daß dies Buchstaben sind, wie man sie ausspricht und wie die Buchstaben heißen, davon hat er keine Ahnung. Er versteht weder die Buchstaben noch die aus diesen zusammengesetzten Worte, noch weniger aber die aus diesen Worten zusammengesetzten Sätze. Er ahnt gar nicht, daß diese schwarzen Gebilde mit den merkwürdigen Formen etwas bedeuten könnten. Genauso schaut ein Unwissender auf die Tarotkarten. Er versteht weder die einzelnen Karten, noch was sie in der Zusammensetzung bedeuten. Nicht einmal die Buchstaben und die Zahlen auf den Bildern versteht er, auch wenn er noch so gut lesen und zählen kann. Denn diese Buchstaben und Zahlen haben hier auf den Tarotkarten im kabbalistischen Sinne eine viel tiefere mystische Bedeutung als die gewöhnlichen Buchstaben und Zahlen. Auf diesen Karten ist nichts zufällig, kein Strich und keine Farbe ist ohne Bedeutung; sie gehören zum inneren Sinn der Karten.

Für den aber, der diese Karten versteht, sind sie ein wunderbares Mittel, *Selbsterkenntnis* zu erlangen. Denn bedenken wir nur: wenn ein unwissender Mensch sich selbst im Spiegel anschaut, sieht er sein Spiegelbild ebenso wie er die ausgelegten Karten gesehen hat. Aber wie er die Karten nicht versteht, sondern nur *anschaut,* ebenso versteht er auch sein eigenes Bild im Spiegel nicht. Er'schaut nur *auf,* nicht aber *in* sein Ebenbild. Dabei hat jede Linie, jede Form und jede Farbe auf seinem Gesicht und auf seiner Gestalt eine tiefe innere Bedeutung. Sein äußeres Bild verbirgt in sich auch das Bild seines unsichtbaren inneren Wesens; seines bewußten, als auch seines unbewußten Wesens. Der Mensch weiß gar nicht, daß sich hinter seinem äußeren Bild ein sehr großer Teil seines Wesens im Unbewußten versteckt und daß es das große Ziel unseres Lebens hier auf Erden ist, eben dieses Unbewußte in uns bewußt zu machen. Bei dieser großen Arbeit, das Unbewußte zu erwecken und bewußt zu machen und dadurch sich selbst vollkommen kennenzulernen, sind die Tarotkarten eine Hilfe ohnegleichen. Diese Karten sind so geschaffen, daß sie auf das Unbewußte des Menschen eine stark erweckende Wirkung haben. Er soll nur die Karten einzeln zur Hand nehmen und, um sie besser verstehen zu können, die Beschreibung dazu lesen. Bei der Karte, die seinem inneren Zustand entspricht, wird sein Interesse plötzlich erwachen, und er wird, als ob ihn ein elektrischer Funke treffen würde, fühlen, daß er sich auf der Bewußtseinsstufe dieser Karte befindet. Diese Karte wird er vollkommen verstehen, sie lebendig und vielsagend finden, er wird in der Tiefe seines Wesens ein starkes Echo fühlen. Bei den übrigen Karten erlebt er das Gegenteil. Diese wird er leblos, uninteressant und tot finden, sie sagen ihm nichts, und wenn er sie auch *verstandesmäßig* erfaßt, fühlt er in seiner Seele kein Echo. Wenn er alle Karten einzeln durchstudiert, so wird in seiner Seele ein klares Licht entstehen, bei welchem er erkennen wird, wo er noch an sich zu arbeiten hat und wie er sich ändern muß, um ein glücklicher Mensch zu werden.

Daß diese Karten einem Menschen dazu helfen, sein Unbewußtes bewußt zu machen und dadurch sich selbst kennenzulernen, sich selbst gründlich zu verstehen, kann ein jeder bezeugen, der diese Karten schon einmal in die Hand genommen und eine nach der anderen betrachtet hat. Sie sind wie ein seelischer Spiegel, in welchem der Mensch sich nicht nur erkennen, sondern auch ganz gründlich untersuchen und studieren kann. Er wird sich bewußt, daß gewisse Karten merkwürdigerweise genau seinem inneren, gleichzeitig aber auch seinem äußeren Zustand in der Welt entsprechen. Er versteht plötzlich sich selbst und auch sein Schicksal. Er versteht, warum das Schicksal ihn immer wieder in dieselbe Lage bringt und warum er immer wieder denselben Problemen gegenübersteht, die er lösen muß. Er versteht, daß die Gründe seines Schicksals *in ihm selbst* liegen. Also muß er *sich selbst ändern,* damit auch sein Schicksal sich *ändert.* Und das Schicksal ändert sich schon dadurch, daß er auf alles, was mit ihm geschieht, *anders reagiert.*

Der Mensch kann aber aus diesen Karten nicht nur seinen gegenwärtigen Zustand, sondern auch seine Vergangenheit klar sehen und verstehen, in gewissem Sinne wird er sogar auch seine Zukunft voraussehen können. Das Schicksal besteht aus den Reaktionen auf unsere Taten. Wenn ein Mensch weiß, welche Karte seinen inneren Zustand darstellt, dann wird er auch aus den Karten herausfinden können, was ihn dazu gebracht hat, dies oder jenes zu tun. Er wird dann auch wissen, warum er die Folgen seiner Taten als »Schicksal« ertragen muß. Und wenn er nicht vollkommen glücklich und mit seinem Leben zufrieden ist – und nur selten können Menschen das von sich behaupten –, wird er mit der Hilfe der Karten auch herausfinden können, *was* ihm aus seiner jetzigen Lage, aus seinen gegenwärtigen Problemen, heraushelfen kann. Natürlich hat man die inneren Zustände auch in sich ohne die Karten in die Hand zu nehmen. Aber mit der Hilfe dieser Karten kann der Mensch sein Leben mit kristallener Klarheit sehen und seine Probleme viel schneller und leichter lösen.

So beginnen die geistigen Kräfte dieser merkwürdigen Karten im Menschen zu wirken, und diese Wirkung wird immer stärker, je besser der Mensch die Karten versteht. Je mehr sie aber auf ihn wirken, desto mehr wird er seines Selbstes bewußt, und desto mehr wird er verstehen, daß diese Karten sein eigenes Inneres darstellen. So bringt der Tarot den Menschen seinem großen Ziel, sich selbst zu erkennen, *er selbst zu sein,* immer näher.

DER MAGIER

Zahl: 1

Buchstabe: ℵ ALEPH

Wir sehen auf dem Bild einen kräftigen jungen Mann, den Magier, der mit seiner Körperhaltung den Buchstaben ALEPH annimmt. Er beugt sich mit dem Oberkörper leicht nach rechts, mit der rechten Hand zeigt er nach unten, mit der linken Hand nach oben, wie wir das bei dem Buchstaben ALEPH sehen. Mit dieser Haltung zeigt er gleichzeitig die Urwahrheit, die uns der große chaldäische Eingeweihte Hermes Trismegistos in seiner TABULA SMARAGDINA HERMETIS lehrt: »Wie oben, so unten.«

Der junge Mann hat eine merkwürdige farbige Bekleidung. Auf dem Kopf hat er einen Hut, der, wenn wir ihn aufmerksam betrachten, sich gar nicht als Hut erweist. Der Kopfteil des vermuteten Hutes ist der eigene Kopf des Mannes, ein geschlossener roter Kreis, der seinen ewigen Geist, sein höheres Selbst symbolisiert. Ein Teil des Kreises ist mit der Krempe des Hutes bedeckt und deshalb sieht man nicht den ganzen Kopf. Das bedeutet, daß er in seinem Geiste noch nicht ganz bewußt ist, daß er noch vieles im Unbewußten, im Unsichtbaren hat. Die rote Farbe ist ein Hinweis, daß der Geist, positivgebend, ein göttliches Feuer ist. Er befindet sich deshalb in geschlossenem Kreis, weil der Geist sich in der materiellen Außenwelt nie zeigen kann. Der Geist gehört in eine andere Welt. In der materiellen

Welt ist er unsichtbar und mit keinem Sinnesorgan wahrnehmbar. Darum braucht der Geist ein Offenbarungswerkzeug, wodurch er sich unmittelbar als Idee, Gedanke oder als Wissen manifestieren kann. Dieses Offenbarungswerkzeug ist der Verstand, der durch die Krempe des Hutes symbolisiert ist. Diese Krempe ist das vom Mathematiker gebrauchte Zeichen für das »Unendliche«, eine waagerecht liegende 8: ∞. Der Rand der Krempe ist gelb, das ist die Farbe des Verstands und die grüne Farbe des inneren Teils der Krempe symbolisiert Sympathie, Wohlwollen und Freundschaft. Dieser junge Magier offenbart also seinen unsichtbaren, feurigen und ewigen Geist, der nie geboren worden ist und deshalb auch nie sterben wird, durch die grenzenlose Unendlichkeit der Gedanken und des Wissens, aber auch durch Sympathie, Wohlwollen und Freundschaft.

An seinem Rumpf sehen wir ein rotes enganliegendes Kleid, mit blauem Kragen und mit einem blauen Streifen in der Mitte. Das rote Kleid ist eng, weil es eben kein Kleid, sondern sein eigener Körper ist. Die rote Farbe symbolisiert sein geistiges Wesen, das positiv-gebend ist wie sein Kopf. Die blaue Farbe des Kragens und des mittleren Streifens, eingesäumt mit weißen Rändern, symbolisiert seine reine, selbstlose Menschenliebe. Er trägt diese selbstlose Liebe in sich, läßt sich aber auch auf seinem irdischen Wanderweg von dieser universellen Menschenliebe führen. Das zeigen die beiden Beine, die ihn auf seinem irdischen Weg tragen und in blaue Strümpfe gekleidet sind.

Die beiden Arme symbolisieren die zwei großen polaren Prinzipien der Schöpfung, den aktiv-männlichen, positiv-gebenden, und den passiv-weiblichen, negativ-nehmenden Pol. Die Arme sind in mehrere farbige Hüllen gekleidet. Dies bedeutet, daß der Magier seine Arme und Hände vielseitig gebraucht. Mit Vernunft, das ist die gelbe Farbe, mit guten Absichten und Wohlwollen gegenüber seinen Mitmenschen, das ist die grüne Farbe, und unter diesen zwei Hüllen hat er noch ein eng an seinen Körper geschmiegtes blaues Trikot, das wieder wie bei seinem Rumpf sein eigenes wahres Wesen zeigt.

Die rotfarbene Einsäumung bedeutet, daß er die geistige, gebende Kraft dennoch ausstrahlt, wenn er sich auch in seiner Aktivität und in seiner Arbeit von der selbstlosen Menschenliebe und Humanität führen läßt.

Auf dem blauen Streifen in der Mitte seines Kleides sehen wir fünf Knöpfe. Das sind seine fünf Sinnesorgane, durch welche er sich selbst, seine innere Welt, mit der Außenwelt ver*knüpft!*

Vor ihm steht ein Tisch. Nur drei Beine des Tisches sind sichtbar, das vierte Bein ragt hinaus in die unsichtbare geistige Welt. Der Grund, auf welchem der Magier seine Aktivität ausführt, ruht größtenteils auf materieller Basis. Seine Person lebt in der sichtbaren, materiellen Welt, so muß er seine Aufgabe hier erfüllen. Dennoch ruht ein Teil seiner Handlungen, das vierte Bein des Tisches, auf unsichtbaren, geistigen Fundamenten.

Auf dem Tisch liegen, noch unbenützt, aber zum Gebrauch bereit, drei Symbole des Tarot: der Kelch, das Schwert und die Münze. Das wichtigste Symbol, den Stab oder das Zepter hält er in seiner linken Hand. Der Stab hat an seinen zwei Enden zwei farbige Kügelchen. Diese symbolisieren wiederum die beiden polaren Prinzipien, das rote den positiven und das blaue den negativen Pol. Der Magier hält den Stab so, daß er mit dem positiven Ende nach oben und mit dem negativen Ende nach unten in Richtung der Münze zeigt. Der Stab symbolisiert den Buchstaben JOD, der das Bild der ersten göttlichen Offenbarung, eine einzige Flamme, ist, aus welcher alle weiteren Buchstaben und allmählich die ganze Schöpfung hervorgeht. In der Hand des Magiers wird der Stab zum Zauberstab. Das ist die schöpferische Kraft des Magiers, mit welcher er den Willen seines höheren Selbstes in der sichtbaren Welt verwirklicht. Er kann damit wahre Wunder wirken und so wird aus ihm allmählich ein weißer Magier.

Der Kelch ist außen blau, also weiblich-negativ, empfänglich, enthält aber in sich den Geist, das männlich-positive, feurige Prinzip, das durch die rote Flüssigkeit, die sich im Kelch befindet, dargestellt wird. Der Kelch hat ein sechseckiges Fundament. Es entsteht aus den zwei ineinandergeflochtenen Dreiecken, welche die geistige und materielle Welt symbolisieren. Der Kelch weist auf die seelischen Prinzipien des Magiers hin, bedeutet seine Empfänglichkeit und Aufnahmefähigkeit gegenüber allem Guten, gegenüber den göttlichen höheren Wahrheiten des Geistes.

Auch das Schwert liegt offen, noch unbenützt auf dem Tisch. Es symbolisiert den Mut des Magiers, mit welchem er schon bereit ist – wie Siegfried mit dem »Nothung« gegen den Drachen – gegen die Schatten der Unterwelt, gegen das Unbewußte, und für das göttliche Licht des Bewußtseins zu kämpfen.

Schließlich liegt auf dem Tisch noch eine goldene Münze. Die Kreisform symbolisiert immer den Geist; aber das Kreuz, das auf der Münze gezeichnet ist, zeigt, daß sie in diesem Fall einen ganz mächtigen und speziellen Geist symbolisiert, der mit seiner enormen konzentrierenden Kraft die *Materie* erschafft, über sie herrscht und damit zwei Gegensätze, den Geist und die Materie, in einer Einheit verbindet. Das ist die Münze, *das Geld*. Denn der Inhalt dieses Begriffes »Geld« ist rein geistig. Oder ist »Geld« vielleicht Materie? – Wer hat schon »Geld« gesehen oder in der Hand gehabt? – Noch niemand! Man hat höchstens ein Stück Papier oder ein Stück Metall gesehen oder in der Hand gehabt, auf welchen ein gewisser Wert bezeichnet ist. Beide haben also nur dann einen Wert, wenn darauf geschrieben steht, daß dieses Papier oder dieses Metallstück einen Geldwert besitzt, an den wir *glauben* müssen. Wenn aber auf demselben Papier oder Metallstück keine Aufschriften stehen, die soundso viel Geldwert bestimmen, dann ist es eben kein »Geld« mehr. Im Augenblick, in dem wir unseren Glauben daran verlieren, wird das Papiergeld ein wertloses Stück Papier, und das Metallstück wird auch nur noch seinen Metallwert haben. Aber auch dieser schwankt entsprechend der Nachfrage. Bedenken wir nur, daß für einen Menschen, der in der Wüste am Verdursten ist, jedes Stück Metall, ob Gold oder Silber, vollkommen wertlos ist. Dagegen würde ein Glas Wasser sein Leben retten. Das »Geld« ist also ein rein geistiger Begriff und keine sichtbare Materie, die man sehen oder in die Hand nehmen kann. Es ist eben der Geist der *absoluten Materie,* weil er als Begriff mit keinem Namen irgendeiner Materie benannt werden kann. Und dennoch kann man mit dieser unbenennbaren Materie alle materiellen Schätze der Welt erwerben, Liegenschaften, Juwelen, Möbel, Bekleidung oder was auch immer. Geld ist also der Geist der absoluten unbenennbaren Materie.

Die Münze bedeutet hier auf dem Bild des Magiers auch kein sichtbares »Geld«, das einen Tauschwert hat, sondern viel mehr! – Sie bedeutet die innere geistige Kraft des Menschen, womit er über alle Werte der materiellen Welt herrschen kann, wenn er dieses Geheimnis kennt! Unser Magier kennt es, er hat eben schon Macht über das Geheimnis des »Geldes«.

Zwischen seinen Beinen, ein bißchen hinter ihm, ist eine aus der Erde, also aus der Materie, herausgewachsene Blume. Sie hat drei grüne Blätter und eine Knospe. Die grünen Blätter bedeuten die drei großen Prinzipien: Geist, Kraft und Stoff. Die geschlossene Blume, die Knospe, ist rot, bedeutet also den Geist. Das symbolisiert, daß der Geist des Magiers, wie die Knospe, sich noch nicht in Vollkommenheit offenbart. Wie die Blume ist sein Geist schon gegenwärtig, aber noch in vieler Hinsicht unbewußt. Wie die Blume ihre innere Pracht noch nicht zeigt, so zeigt der Magier die Vollkommenheit seines Geistes, seines höheren Selbstes auch noch nicht. Seine allerhöchsten, göttlichen Schätze sind noch im Unbewußten verborgen. Darum steht die Blume auch *hinter* ihm, wie sein Unbewußtes *hinter* seinem Bewußtsein steht. Es ist aber nur eine Zeitfrage, wann die Blume in ihrer Pracht aufgehen und der Magier sein innerstes vollkommenes Wesen offenbaren wird.

Dieses Bild, DER MAGIER, zeigt einen Menschen der eben erwacht ist, der plötzlich in sich bewußt geworden ist und bemerkt, daß er überhaupt *da* ist, – daß er *jetzt da* ist. Er erlebt also zum ersten Mal die absolute Gegenwart im Zustand des Selbstbewußtseins. Sein Selbst ist grenzenlos und unendlich im Unbewußten, gleich wie der

Hut des Magiers das Unendliche zeigt, aber sein erstes, aufflackerndes Selbstbewußtsein ist noch begrenzt, und dessen Licht ist nur der erste göttliche Funke, der sein ganzes göttliches Wesen noch nicht beleuchtet. Er ist noch das göttliche Kind, ist aber schon ein Anfang, wie das Kind ein Anfang ist, ein Erwachsener zu werden, wie die Zahl Eins der Anfang in der Zahlenreihe und der Buchstabe Aleph der Anfang zum Alphabet ist.

»Der Magier« stellt einen Menschen dar, der ebenso ein weibliches wie ein männliches Wesen sein kann. Daß hier der Zustand des Erwachens als Mann dargestellt ist, bedeutet nicht, daß nur ein Mann diesen Zustand erleben könnte. Im ersten selbstbewußten Zustand gibt es kein Geschlecht. Der Mensch, ob weibliches oder männliches Wesen, erlebt einen positiven geistigen Zustand; dieser Zustand wird durch das Bild eines Mannes dargestellt. Ein Lebewesen, das sich auf dieser Bewußtseinsstufe befindet, besitzt schon alle Gottesgeschenke, die ihm auf dem großen Weg zur Selbsterkenntnis weiterhelfen.

Der Magier hält in seiner Hand den »Zauberstab«, mit dem er alle geschlossenen Türen in seinem Unbewußten öffnen kann. Seine Seele ist wie ein Kelch, aus welchem er schon den göttlichen Nektar des Geistes trinken kann. Das Schwert steht ihm auch schon zur Verfügung, damit er die Schatten der Unterwelt, des Unbewußten, besiegen und das göttliche Licht des Selbstes, des Allbewußtseins, erobern kann. Und schließlich besitzt er schon die goldene Münze, die geistige Macht über alles Materielle. Er kennt schon den inneren, göttlichen Wert aller Dinge, so daß er sich im Wald der falschen materiellen Werte dieser Welt nie mehr verlieren wird.

Obgleich er alle diese Schätze besitzt, ist er noch kein aktiver »Magier«. Er besitzt zwar schon diese Gottesgeschenke, aber er benutzt sie noch nicht. Er weiß nicht, daß er alle Attribute schon in der Hand hat, um ein echter weißer Magier im Gottesgarten zu werden. Er steht noch unbewegt da, aber schon bereit, sich auf den langen Weg der Selbsterkenntnis zu begeben.

Das Bild des Magiers trägt die Zahl 1 und den Buchstaben »Aleph«. Die Zahl 1 ist die göttliche Zahl, die auch dann existiert, wenn noch keine anderen Zahlen aus ihr geboren wurden. Die Zahl 1 ist der Vater aller anderen Zahlen, sie ist unteilbar und ewig. Sie ist die einzige Zahl, mit welcher wir multiplizieren können, ohne daß der Wert der multiplizierten Zahl sich ändern würde. Vishnu-Purana sagt: »Es war weder Tag noch Nacht, weder Himmel noch Erde, weder Dunkelheit noch Licht, noch irgendein anderes Ding, außer dem einzigen EINEN.« Und Ramakrischna, der große erleuchtete Inder erklärt im gleichen Sinne: »Wisse das Eine, und du wirst alles wissen.« Die Nullen werden zu Hunderttausenden, wenn man sie hinter die Eins stellt. Wird aber die Eins ausgelöscht, so bleibt nichts. Das Viele hat einen Wert nur in bezug auf das Eine. Erst das Eine und danach das Viele. Erst Gott und dann die Welt und die Geschöpfe.

Diese Karte mit dem Buchstaben Aleph entspricht dem ersten Namen Gottes, so wie Gott sich selbst genannt hat, als Moses ihn fragte: »Was soll ich sagen, wenn mein Volk mich frägt: Wie ist sein Name? Was soll ich antworten?«, und Gott antwortete: »EHEIE ist mein Name, weil ICH BIN, DER ICH BIN.« (2. Mose 3)

Diese Karte entspricht in der Kabbala den ersten Chören der Engel, die Seraphim genannt werden. SERAPH bedeutete bis zur Zeit des Propheten Jesaia eine heilige Schlange mit drei Flügelpaaren. Jesaia hat diesen Namen dann für die Engel übernommen. Seitdem bedeutet Seraph ein Engelwesen mit drei Flügelpaaren. SEPHIROT ist eine ganze Schar solcher Engel. Die Kabbala sagt, daß es zehn solche schöpferische Sephirot gibt. Das Wort Sephirot bedeutet wörtlich EMANATION (Ausstrahlung). Man würde den Sephirot heute wissenschaftlich ausgedrückt »emanierende Energiefelder« nennen. Jeder Sephirot ist zugleich eine Zahl und ein Buchstabe und hat ein ihm entsprechendes Attribut. Das Attribut des I. Sephirot ist Kether, die Krone, welche das Selbstbewußtsein des Menschen bedeutet. Wie ein Mensch durch eine Krone auf seinem Haupt Herrscher in seinem

Lande ist, so gibt sein Selbstbewußtsein dem Menschen die Kraft, über alle Kräfte des ALLS Herrscher zu werden. Sein Selbstbewußtsein ist die Krone auf seinem Wesen.

Im hebräischen Alphabeth werden drei Buchstaben als »Mütter« bezeichnet. Diese drei Mütter sind: ALEPH, MEM und SCHIN. Alle drei bedeuten eine Geburt, darum werden sie »Mutter« genannt. Aleph ist die erste Geburt, die Geburt des göttlichen Kindes, des SELBSTBEWUSSTSEINS. Die geläuterte Seele des Menschen hat das göttliche Kind auf die Welt gebracht, das erste Aufflammen des Selbstbewußtseins. Der Mensch ist noch wie ein Kind, schaut erst herum, und kann seine göttlichen Attribute, seine Talente, die Gott ihm gegeben hat, noch nicht gebrauchen. Seine Aktivität wird sich mit der Zeit entwickeln, und dann erst wird er ein Erwachsener. Der Buchstabe Aleph, als Mutter, hat also das erste Bewußtwerden des Menschen geboren.

Die Zahl 1 und der Buchstabe ALEPH sind beide *Anfang einer Entwicklung*. Die göttliche Zahl 1 ist der Anfang aller weiteren Zahlen bis in die Unendlichkeit, und der Buchstabe ALEPH ist der Anfang aller weiteren Buchstaben bis zum Ende des ganzen Alphabets. Wie die Knospe der Anfang ist zur vollen Blüte, so ist das jetzige Bewußtsein des Menschen mit seinen bereitstehenden Zauberwerkzeugen der Anfang des großen, langen und holprigen Weges bis zum allerhöchsten Ziel, bis zum vollkommenen, göttlichen ALLBEWUSSTSEIN.

DIE HOHEPRIESTERIN

Zahl: 2

Buchstabe: ‫ב‬ BETH

Auf dem Bilde sehen wir eine weibliche Gestalt in priesterlichem Gewand, die auf einem merkwürdigen Thron sitzt, unbewegt, ruhig, undurchdringlich, geheimnisvoll und majestätisch. Sie ist die Hohepriesterin des Tempels, die die Geheimnisse des Heiligtums hütet. Auf ihrem Kopf hat sie eine Tiara, die mit zwei goldenen Reifen umringt ist und oben in einer Mondsichel endet. Die Mondsichel bedeutet, daß diese Gestalt einen passiven, weiblich-empfänglichen Zustand des Menschen darstellt, in welchem er sein ganzes Interesse und seine Aufnahmefähigkeit gleichzeitig auf zwei Ebenen lenkt: auf das Diesseits und auf das Jenseits. Diese zwei Ebenen, diese zwei Welten, sind auch durch die zwei goldenen Reifen auf der Tiara der Hohepriesterin symbolisiert.

Das Gesicht der Hohepriesterin ist teilweise mit einem weißen Schleier bedeckt. Das zeigt, daß sie bei weitem nicht alles von ihrem Wesen enthüllt. Eng auf ihrem Körper trägt sie ein blaues Kleid, das bis zum Boden reicht. Die blaue Farbe bedeutet, daß die Hohepriesterin in ihrem innersten Wesen von reinem Gottesglauben, von Selbstlosigkeit und Menschenliebe durchdrungen ist. Über diesem Kleid trägt sie einen roten Umhang, der mit gelben Streifen eingesäumt ist. Die rote Farbe zeigt die Geistigkeit, die sie in der materiellen Welt nach außen offenbart. Damit verdeckt sie vor neugierigen Augen ihr zärtliches innerstes Wesen, das durch die blaue Farbe symbolisiert ist. Der gelbe Saum bedeutet ihre Vernunft, die sie durch Sprache und Schrift manifestiert. Der Umhang ist mit zwei breiten Spangen an ihrem Körper festgehalten. Auf diesen Spangen sehen wir mehrere kleine Kreuze. Diese bedeuten wieder die engen Beziehungen der Hohepriesterin zugleich zur geistigen wie zur materiellen Welt.

In ihrer rechten Hand hält sie ein halbgeschlossenes Buch, das die Geheimnisse der zwei Welten, des Diesseits und des Jenseits, verbirgt. Auf dem Umschlag des Buches steht das chinesische Symbol der in sich ruhenden Gottheit, Yang und Yin, in welcher die zwei Pole noch in Gott in einer Einheit ruhen. Nur in den Offenbarungen sind diese zwei Welten, die äußere-materielle und die jenseits der materiellen Welt wirkende innere geistige Welt voneinander scheinbar getrennt. In der inneren Wirklichkeit gehören sie immer zusammen, sie können ohne einander gar nicht existieren. Denn auf die Spannung, die zwischen den beiden in der materiellen Welt besteht, ist die ganze Schöpfung aufgebaut.

In ihrer linken Hand hält sie zwei Schlüssel. Das sind die Schlüssel zu den zwei Welten, zum Diesseits und zum Jenseits. Sie hat Zugang zu den beiden Welten, sie kann diese auf- oder zuschließen, hineingehen oder herauskommen, nach ihrem Gutdünken. Aber die Geheimnisse dieser zwei Welten verrät sie unreifen Menschen nicht.

Sie sitzt auf einem Thron. Neben der hinteren Lehne des Thrones rechts und links befinden sich zwei große Säulen. Schon ihre Farben verraten, daß die rechte Säule feurig, männlich-geistig, und die andere feucht, weiblich-animalisch ist. Es sind die zwei Säulen des Königs Salomo, die Säule Jakim und die Säule Boas, auf welchen er seinen Tempel gebaut hat. Diese zwei Säulen sind auch die zwei Beine des Logos in den Johannes-Offenbarungen. Das eine Bein steht auf der Erde, das andere auf dem großen Wasser. Diese zwei Säulen tragen die Spannung zwischen den zwei schöpferischen Polen, dem positiven und dem negativen Pol, auf welchen stehend, wie die Bibel sagt, das schöpferische Prinzip, der Logos, das ganze Universum aufbaut. Zwischen diesen beiden Säulen ist ein Vorhang befestigt. Dieser Vorhang entspricht dem Schleier der ägyptischen Göttin Isis. Und in der Hindu-Religionsphilosophie ist dieser Vorhang der Schleier der Maya. Dieser Schleier bedeckt die geheimnisvolle, absolute Wirklichkeit, die im Unbewußten des Menschen ruht, die der unreife Mensch aber noch nicht sehen kann und darf. Vor seinen Augen sind noch die Geheimnisse des Unbewußten verborgen, aber er ahnt schon die titanischen Kräfte, die hinter seinem Bewußten wirken. Er glaubt, daß die Erscheinungen, die er wahrnimmt, nicht aus seinem eigenen Unbewußten, sondern von außen her kommen. Er fängt also an, sich mit den Erscheinungen des Okkultismus zu beschäftigen. Er geht in spiritistische Kreise, wo sich wie er glaubt die »Geister« der Verstorbenen melden und Botschaften aus dem Jenseits übermitteln. Er geht auch in andere Kreise und Gesellschaften, die sich mit den verschiedensten »Grenzwissenschaften« beschäftigen. Er wird also ein »Suchender«.

Der Boden auf welchem die Hohepriesterin sitzt, ist aus zweierlei viereckigen farbigen Platten zusammengefügt. Es sind weiße und schwarze Steinquadrate, die wie die Felder eines Schachbrettes liegen. Die weißen Platten symbolisieren die geistige, unsichtbare Welt, und die schwarzen, die materielle, sichtbare Welt. Wie diese verschiedenen Quadrate im Boden des Bildes gemischt sind, so sind in der Seele des suchenden Menschen die zwei Welten miteinander *gemischt*, aber noch nicht *vereint*. Er fängt schon an geistig zu werden, ist aber noch irdisch-materiell.

Die zwei Lehnen rechts und links des Thrones stellen zwei Sphinxe dar, eine schwarze und eine weiße Sphinx. Man sieht aber nur die schwarze Sphinx; die andere, die weiße ist noch unsichtbar, weil sie ein Teil des roten Überwurfes der Hohepriesterin bedeckt.

Die Sphinx ist ein ganz wichtiger Faktor auf dem Wege der Selbsterkenntnis. In der griechischen Mythologie lesen wir, daß Ödipus von klagenden und jammernden Menschen gebeten wurde, er solle sie vor dem Ungeheuer, vor der furchtbaren Sphinx, retten, die oben auf dem Felsen sitzt, auf die Ebene herunterschaut und mit ihrem Atem die reine Luft verpestet. Wenn nicht sofort eine Hilfe käme, würde das ganze Volk von Kadmos zugrunde gehen und elendig sterben. Nur derjenige könnte sie wegjagen, der ihr Rätsel löst. Jeden Tag sagt sie ihre unverständlichen Worte und verschlingt unbarmherzig einen jeden, der es versucht, ihr Rätsel zu lösen, dazu jedoch nicht fähig ist. Ödipus frägt was dieses Rätsel sei. Da antworten ihm die weinenden Menschen: »Die Sphinx sagt nur soviel: Es gibt ein Lebewesen, das in der Frühe auf vier Beinen, am Mittag auf zwei Beinen und am Abend auf drei Beinen umhergeht. Und wenn es auf allen Vieren geht, dann geht es am langsamsten. Sage mir, was dieses Lebewesen ist?« Und Ödipus ging zu der Sphinx, und als diese ihm dieselbe Frage stellte, antwortete er: »Das ist der Mensch selbst. Am Anfang seines Lebens als Kind kriecht er auf allen Vieren, als Erwachsener geht er auf seinen zwei Beinen und als alter Mann geht er mit der Hilfe eines Stocks.« Und die Sphinx sprang mit einem furchtbaren Gebrüll von ihrem Felsen herunter und raste davon.

Das Rätsel der Sphinx ist also das große Rätsel des Menschen. Und hier auf dem Bilde, als Lehne des Thrones der Hohepriesterin ist diese Sphinx auch das große Rätsel des Menschen – die Selbsterkenntnis.

Der linke Arm der Hohepriesterin ruht auf der sichtbaren schwarzen Sphinx und der rechte auf der *noch* unsichtbaren weißen Sphinx. Das ganze Bild der Hohepriesterin zeigt den Zustand des eben erwachten Menschen, der das allererste Mal das aufflackernde Selbstbewußtsein erlebt hat. Er hat erfahren, daß auch eine »andere Welt« existiert, nicht nur diese irdische, materielle. Sein Interesse richtet sich auf diese »andere Welt«, die jenseits seines Bewußtseins zu finden ist. Er fängt an, sich mit dem Jenseits zu beschäftigen, und wandert von einer sogenannten »geistigen« Gesellschaft zur anderen. Er geht überall hin, wo er eine Möglichkeit wittert, das große

Rätsel des SEINS zu lösen. Er ahnt schon, daß er sich nicht ausschließlich deshalb auf der Erde befindet, um seine irdischen Pflichten zu erfüllen. Diese irdischen Pflichten sind auch deshalb »seine« Pflichten, weil gerade diese und *nur diese* ihm dazu helfen, das große Ziel seines Lebens zu erreichen: nämlich Selbsterkenntnis zu erlangen. Was dieses große Ziel ist, weiß er noch nicht, aber er fühlt, daß dieses Leben ihm noch etwas schuldet, ihm noch etwas Wunderbares bringen muß, auf das er in seinem ganzen Leben gewartet hat. Das muß die Erfüllung, die Erlösung sein. Er erkennt noch nicht ganz klar, daß dieses Ziel nichts anderes ist, als den Schleier der Maya, den Schleier der Illusionen, zu vernichten, alle Irrtümer aufzugeben und sein eigenes, wahres Selbst zu entdecken, kennenzulernen und vollkommen bewußt zu machen. Er kennt von seinem eigenen Wesen nur die irdische, bewußte Seite, sein Scheinwesen, das er *nicht ist,* während sein eigenes geistiges Wesen noch im Unbewußten ruht. Da er nicht weiß, wo er es überhaupt zu suchen hat, so sucht er das Jenseits und das, was nach dem Tode kommt. Er will wissen, wo die Verstorbenen hingehen, weil er weiß, daß auch er dorthin gehen wird. Aber die Hohepriesterin, die alle diese Geheimnisse weiß, schließt ihm mit dem großen Schlüssel die Pforte des Jenseits noch nicht auf. Und dennoch fühlt er, daß er hinter diesem Vorhang die Lösung des Rätsels, die ganze Wahrheit finden wird. Er gibt das Suchen also nicht auf und geht weiter. Er lernt Philosophie und Psychologie, studiert die Religionsphilosophen aller Länder und beschäftigt sich mit allen Geisteswissenschaften. Es ist nur eine Stufenfrage, ob er ein ernsthaft Suchender oder ein Scharlatan wird. Denn hinter der ernsten Forschung des Wissenschaftlers, wie hinter den verschiedenen kindischen Spielereien der Scharlatane, steckt das gleiche verzweifelte Suchen des Menschen nach den großen göttlichen Geheimnissen des ewigen SEINS!

Das Bild der Hohepriesterin trägt die Zahl 2 und den Buchstaben BETH. Die Zahl 2 trägt in sich die Spaltung. Es existiert keine Einheit welche die Zahl 2 in sich enthalten könnte. Wenn aber die Zahl 2 sich dennoch in eine Einheit hineinnistet, bedeutet das für diese Einheit einen Zwiespalt, einen Zerfall, für eine Menschenseele den Tod. Dieser Zustand wird in jeder Sprache der Welt mit der Zahl 2 ausgedrückt: die Ver*zwei*flung. Hier in diesem Bild bedeutet die Zahl 2 die zwei Welten, hüben und drüben, die ein Suchender in sich trägt, und die in ihm einen Zwiespalt verursachen. Das quält ihn und er sucht die Lösung, die »Erlösung«, davon. Einerseits gehört er noch hierher in das irdische Leben mit seinen materiellen Freuden und Leiden, andererseits interessiert ihn schon, *was* dahintersteckt, *wozu* dieses ganze irdische Leben gut ist, wenn wir am Ende doch alles hier lassen müssen, und *was* die Werte sind, die wir am Ende mitnehmen können. Und wenn es uns gelingt, etwas mitzunehmen, *wohin* gehen wir damit? Dieses *Wohin* interessiert ihn, denn er ist schon daraufgekommen, daß diese Welt hier nur die *Wirkung* ist, nicht aber die *Ursache*. Diese Welt ist keine absolute Wirklichkeit, sie ist nur eine Scheinwelt. Wo aber ist die absolute Wirklichkeit, die Ursache, die ewig ist und nie vergeht? Er weiß, daß wo eine Wirkung ist, auch eine Ursache sein muß. Und die Ursache dieser Welt will der Mensch finden.

Aber die Hohepriesterin lüftet den Vorhang, der das Heiligtum bedeckt, nicht, und läßt den unreifen Menschen die Wahrheit allein weitersuchen. Wenn sie dem Menschen zeigen würde, was die Wahrheit ist, hätte der Mensch nichts davon. Wenn er aber selbst sucht, wird er die Wahrheit in der *Wirklichkeit* finden, – ER WIRD DIESE WAHRHEIT SELBST SEIN! – Mit der Vernunft etwas zu verstehen ist schön und gut, aber das Verstandene ist immer noch außerhalb und nicht drinnen im Menschen. Die Vernunft ist nur ein Werkzeug um etwas zu verstehen. Dieses Verstehen ist aber noch sehr weit entfernt von der Verwirklichung. Nicht Worte sucht der Mensch, sondern den Sinn der Worte, die Wirklichkeit, die man mit der Vernunft nie erleben, sondern nur *selbst sein* kann.

Der Buchstabe BETH bedeutet hieroglyphisch den Mund des Menschen. Die Hohepriesterin hält ihren Mund noch geschlossen. Sie verrät von ihren Geheimnissen noch nichts, und doch läßt sie den Menschen fühlen, daß diese Geheimnisse existieren, um ihn dazu zu verlocken, daß er nicht stehenbleibt, sondern selbst sucht. Er wird sie finden!

Der Buchstabe BETH bezeichnet die Engel zweiter Ordnung. Er ist der 2. Sephirot und entspricht Chochmah, der *theoretischen Vernunft*.

DIE KÖNIGIN

Zahl: 3

Buchstabe: ‫ג‬ GHIMEL

Wir sehen auf dem Bild eine junge Frau, die ihr Wesen durch ein schönes Gesicht offen, ohne Schleier, zeigt. Sie sitzt uns gegenüber, sie schaut in unsere Augen, sie will nichts verbergen.

Auf ihrem Kopf trägt sie eine Krone, die drei Zacken hat. Das bedeutet, daß sie Königin über die drei Aspekte des Lebens ist, über Geburt, Leben und Tod. Aber auch, daß sie Königin ist über den Raum, über die drei Dimensionen. Sie ist die Herrscherin über das ganze Weltall, über das ganze Universum. Sie ist die Königin des Himmels, sie ist der weibliche gebärende Aspekt Gottes: die NATUR.

Sie sitzt auf ihrem Thron vollkommen unbewegt, wie ihre Gesetze auch unbewegbar und unveränderlich sind. Sie trägt in ihrem Wesen das große Geheimnis, das Mysterium, durch das sich der Geist mit dem Stoff vereint und wodurch Göttliches zum Menschlichen wird. Dieses Mysterium ist die *Zeugung*. Sie selbst ist aber die große keusche Jungfrau, die Myriaden von Lebewesen gebärt, ohne daß sie von einem männlichen Wesen berührt wurde. Die zwei Welten, die bei der Hohepriesterin noch voneinander getrennt waren, das Diesseits und das Jenseits, sind in der Himmelskönigin vereint. Sie verfügt über die geistige und über die materielle Welt, weil sie die

Macht hat, die beiden miteinander zu verbinden oder voneinander zu trennen. Es hängt von ihr und von ihren Gesetzen ab, ob ein Geist sich in dieser Welt verkörpert und geboren wird, oder ob ein schon verkörperter Geist sich von der materiellen Welt löst und sein Körper stirbt.

Rund um ihren Kopf ist ein weißer Kreis, der die makellose Reinheit zeigt, die sie ausstrahlt. Im weißen Kreis sehen wir zwölf Sterne, von welchen drei unsichtbar hinter dem Kopfe der Himmelskönigin sind. Diese zwölf Sterne sind die Tierkreiszeichen, die zwölf Himmelsbezirke gewissermaßen, womit ihre Herrschaft im Weltall symbolisiert wird.

Sie hat zwei große hellblaue Flügel. Wenn sie diese Schwingen ausbreitet, hat sie die Fähigkeit über dem unendlichen Raum zu schweben und zu fliegen.

Ihr eng an den Körper geschmiegtes Kleid ist rot, sie ist also im innersten Wesen vollkommen geistig, positiv. Die gelbe Einsäumung zeigt ihre hohe Vernunft, die sie durch Menschengehirne offenbart.

Über ihrem Schoß trägt sie einen himmelblauen Umhang, der über ihren rechten Arm geworfen und so lang ist, daß die beiden Beine bis zum Boden damit bedeckt sind. Der Umhang und dessen leuchtende blaue Farbe symbolisieren das unendliche Himmelsgewölbe, das ihr Reich ist; aber auch ihre makellose Reinheit ist damit symbolisiert. Die grüne Farbe der Innenseite des blauen Umhangs bedeutet ihr Wohlwollen und ihre Sympathie allem Lebendigen, allen ihren Kindern gegenüber.

Der Zauberstab des Magiers wurde in ihrer Hand ein großes Zepter, das oben im Symbol der Erde, in einem Reichsapfel endet. Dieses Symbol besteht aus einer Kugel, die oben ein Kreuz trägt. Es bedeutet, daß hier auf Erden das Gesetz der Materie herrscht und daß der Geist dieses Gesetz anerkennen muß. Das Zepter zeigt die überwältigend große Macht der Natur über die drei Welten, über Himmel, Erde und Hölle. Die Gesetze der Natur sind unumstößlich.

Die Königin hält das Zepter in ihrer linken Hand; das bedeutet, daß sie mit der unwiderstehlichen Macht des Ewig-Weiblichen und der Mutter herrscht. In ihrer Hand hält sie ein Schild, auf welchem das große Symbol der Alchimisten, der weiße Adler auf rotem Hintergrund, dargestellt ist. Der weiße Adler ist das Symbol der Reinheit und Keuschheit der Himmelskönigin, der umgewandelten sexuellen Kraft, die von ihr selbst nur in ihrer geistigen Form als schöpferische Kraft gebraucht wird. Der Adler dreht seinen Kopf nach links, das bedeutet wiederum die negativ-weibliche Kraft der Königin. Der rote Hintergrund zeigt, daß hinter der Macht des Weiblichen die positiven Kräfte des Geistes stehen.

Den rechten Fuß der Königin sieht man überhaupt nicht. Den linken Fuß hält sie auf einer *nach unten* gedrehten Mondsichel. Die nach oben gedrehte Mondsichel bedeutet die Empfänglichkeit und Aufnahmefähigkeit gegenüber den hohen *geistigen* Kräften. Nach unten gedreht bedeutet sie aber die Empfänglichkeit und Aufnahmefähigkeit gegenüber der *Zeugungskraft des Männlichen*. Die Himmelskönigin läßt sich selbst von der materiellen irdischen Zeugungskraft nicht befruchten, sie ist und bleibt keusch, aber in ihrem Reich, in der Natur, läßt sie die voneinander getrennten Geschlechter in ihrer materiellen Form wieder eins werden. Sie läßt das Weibliche, das Empfangende, vom Männlichen, positiv-gebenden befruchten und befriedigen. So erreicht die Himmelskönigin, daß das Göttliche zum Menschlichen wird, daß sich der Geist mit dem Stoff vereinigt, daß die zwei Welten, die geistige und materielle Welt in einem neuen Lebewesen eins werden. Die Himmelskönigin, die Natur, ermöglicht also, daß sich der Geist in der materiellen Welt verkörpert.

Neben der Königin blüht auf dem Thron eine weiße Lilie. Sie symbolisiert auch die Reinheit, die Keuschheit, besonders aber die *Gesundheit* der Himmelskönigin, der Natur. Die Natur strebt unermüdlich danach, ihre Kinder, Myriaden von Lebewesen, gesund zu erhalten, ihnen durch ihre Instinkte den Drang zu geben, für ihre Gesundheit immer das Richtige zu tun. Und wenn sie dennoch krank geworden sind, hilft sie ihre Gesundheit wiederherzustellen. Die Lilie trägt in sich eine sehr starke Heilkraft; sie ist mit Recht das Symbol der Gesundheit und Reinheit.

Diese schöne Gestalt einer göttlichen Frau finden wir in allen großen Religionen als weiblichen Aspekt Gottes. Sie ist die Natur, die große Mutter, die Myriaden von Lebewesen gebärt und über Leben und Tod verfügt. Nur ihr Name ist bei den verschiedenen Völkern verschieden. Bei den Urägyptern war sie die himmlische Göttin Isis; in der Hindu-Religion ist sie die angebetete große Mutter Kali und in der christlichen Religion ist sie die Madonna. In den Offenbarungen Johannes finden wir ihre Beschreibung folgendermaßen: »Und es erschien ein großes Zeichen im Himmel; ein Weib mit der Sonne bekleidet, der Mond unter ihren Füßen und auf ihrem Haupt eine Krone von zwölf Sternen.«

Der Mensch, der sich auf dieser Stufe des Tarot befindet, lernt die große Himmelskönigin, die Natur kennen. Er ist ein »Suchender« und jetzt fängt er an die Geheimnisse der Natur zu erforschen. Er versucht nicht mehr durch unvernünftige Lebensweise gegen die Natur zu wirken, sondern stellt sich auf die Natur ein, um *mit* ihr und nicht gegen sie zu leben. Er erlebt den inneren Befehl: Gesundsein ist Pflicht! Er versucht die Naturkräfte in sich wirken zu lassen um dadurch seinen Körper gesund zu machen und gesund zu erhalten. Er fängt an, die verschiedenen Heil- und Ernährungssysteme auszuprobieren; er ißt kein Fleisch mehr und trinkt auch keine künstlich hergestellten Getränke, die seine niedrigen Triebe erwecken und aufreizen. So fängt er an, die inneren Wünsche der Natur, die er als tierische Instinkte auch bisher in sich getragen, aber nie beachtet hat, kennenzulernen. So versöhnt er sich mit der Natur, gegen die er so viel gesündigt hat. Er anerkennt die Natur als die in der sichtbaren Welt und in seinem Körper herrschende Kraft. Während dieser Arbeit an sich selbst bemerkt er aber, daß jede körperliche Erscheinung eine seelische Ursache hat, daß also auch jede Krankheit von einer seelischen Störung herrührt.

So entdeckt der Mensch, daß, wenn er in seiner Seele Ordnung schafft, wenn er ausgeglichen und in der Seele gesund geworden ist, auch sein Körper gesund wird. Diese Wahrheit führt ihn aber zu der neuen Entdeckung, daß etwas da ist, worüber die Natur nicht herrschen kann. Vielmehr kann dieses Etwas über die Natur herrschen. Das ist sein eigener Geist, sein eigenes höheres Selbst. Er entdeckt, daß er die Fähigkeit hat, Herr über die Natur zu werden, die Naturkräfte zu lenken und mit ihnen zu arbeiten, – wenn sein Selbst Herr in seiner Seele und in seinem Körper geworden ist. Ja, wenn man in erster Linie die Gesetze der Natur anerkennt! Denn wenn der Mensch die Gesetze der Natur anerkennt, dann wird er fähig sein diese titanischen Kräfte nicht nur in sich, sondern auch draußen in der Außenwelt für sich arbeiten zu lassen. Der Müller kann auch nur darum mit dem Strom des Wassers sein Getreide mahlen lassen, weil er die Gesetze der Natur, die Gesetze des Wassers, anerkennt und seine Mühle mit dem Mühlrad in solcher Weise an den Bach baut, daß der Bach das Rad der Mühle dreht und ihm das Getreide mahlt.

So versucht der »Suchende« die Gesetze der Natur anzuerkennen, aber dennoch nach seinem eigenen Willen in sich selbst wirken zu lassen. Er räumt alle Hindernisse weg, die er mit unvernünftiger Lebensweise in den Weg der Natur stellte. Er fängt an, Selbstbeherrschung zu üben, und sich in seinem Geist zu konzentrieren.

So vereinigt er in sich die zwei Welten, das Diesseits und das Jenseits, die er noch auf der Stufe der »Hohepriesterin« voneinander getrennt kennenlernen wollte. Er läßt seinen Geist, sein Selbst, das immer im Jenseits war und bleibt, in seinem körperlichen Wesen herrschen; er hört auf ein Sklave seiner körperlichen Wünsche zu sein, und er versucht, seinen Körper als ein wunderbares Werkzeug zu gebrauchen. Er vernachlässigt aber deshalb seinen Körper nicht, im Gegenteil, er pflegt ihn sorgfältig, sonst könnte dieser den Geist nicht restlos und vollkommen offenbaren. Er vergißt nicht, daß sein Körper auch von seinem Selbst aufgebaut worden ist. Er wird sich bewußt, daß sein Körper sein Ebenbild ist, daß der Körper auch er selbst ist, wenn auch nur die entfernteste Offenbarung seines eigenen Geistes. Er geht mit einem großen Schritt vorwärts, denn er erkennt, daß es nur *ein* alles umfassendes, unbeschränktes Weltall gibt, daß die ganze Schöpfung eine einzige, unteilbare Einheit ist.

Das Bild der Königin trägt die Zahl 3 und den Buchstaben GHIMEL. Die Zahl 3 bedeutet absolute Harmonie und Ausgeglichenheit. Die drei Eckpunkte im gleichseitigen Dreieck sind gleich weit voneinander entfernt, so daß ihre Verbindung keine unlösbaren Spannungen ergibt, wie es zum Beispiel beim Quadrat und bei allen anderen geometrischen Flächen der Fall ist. Die Zahl 3 bedeutet auch die göttliche Dreifaltigkeit und die drei Aspekte Gottes, den schöpferischen, den erhaltenden und den zerstörenden Aspekt. Alle schöpferischen Faktoren haben drei Aspekte. Es sind die drei Dimensionen des Raumes: Länge, Breite und Höhe; die drei Aspekte der Zeit: Vergangenheit, Gegenwart und Zukunft; die drei Aspekte des irdischen Lebens: Geburt, Leben und Tod; und die drei Welten, über welche die Himmelskönigin herrscht: Himmel, Erde und Hölle. Alle diese Aspekte sind die drei Erscheinungsformen einer einzigen Einheit. Der Mensch auf der Stufe der »Himmelskönigin« vereint bewußt alle diese Aspekte in einem Wesen, in sich selbst. Er lebt in den drei Dimensionen, im Raum, er lebt in der Zeit, er ist sich bewußt, daß sein Körper geboren wurde und auch sterben wird, er offenbart also alle drei Aspekte des Lebens, aber er ist sich auch bewußt, daß alle diese Aspekte nur seine irdische Person betreffen. Sein wahres Selbst, sein göttliches Wesen kennt alle diese Aspekte nicht. Es kennt weder Zeit noch Raum, keine Geburt und keinen Tod, keine Vergangenheit und Zukunft, es kennt nur Ewigkeit und ewiges Leben. Es kennt nur absolute Gegenwart, »das ewige Jetzt«. Und der Mensch versteht nun auch, daß Himmel, Erde und Hölle drei Bewußtseinszustände sind und er, je nachdem, mit welcher Ebene er sich identifiziert, glücklich oder unglücklich ist. Wenn er sich mit sich selbst, mit seinem Geiste identifiziert und geistige Freuden sucht, so ist er glücklich, also im Himmel. Auf der Erde hat er Freuden und Leiden erlebt, aber beide sind vergänglich. Und wenn er sich mit seinen Trieben identifiziert und Sklave seines Körpers wird, dann verliert er sich selbst, wird ver*zwei*felt und stürzt sich damit in die Hölle.

Der Mensch hat auf dieser Bewußtseinsstufe die Natur, die Königin, verstanden und versucht, die gut verstandenen Wahrheiten aus der Theorie in die Praxis, in die Verwirklichung zu übertragen.

Der Buchstabe GHIMEL bedeutet die Kehle des Menschen, wo alle im Gehirn geborenen Worte gebildet werden. Dieser Buchstabe stellt das Symbol der materiellen Offenbarung geistiger Ideen dar. In der Kabbala ist dieser Buchstabe der 3. Sephirot und entspricht Binah, der praktischen Vernunft.

DER KÖNIG

Zahl: 4

Buchstabe: ד DALETH

Auf diesem Bild sehen wir einen kräftigen Mann mit allen Attributen eines Herrschers. Er sitzt auf einem Würfel wie auf einem Thron. Er ist der Herrscher der materiellen Welt. Die Römer nannten ihn Jupiter. Wie er hier auf dem Würfel sitzt, stellt er auch das Zeichen Jupiters dar: ♃ . Die nach oben offene Linie ruht auf dem symbolischen Zeichen der Materie, dem Kreuz.

Der König hat auf seinem Kopf einen rot verzierten gelben Helm, der oben in sechs Zacken wie in eine Krone ausmündet. Diese sechs Zacken sind ein Hinweis auf den Sechseckstern, der aus zwei ineinandergeflochtenen Dreiecken besteht. Wenn man diesen in die dritte Dimension projiziert, entstehen zwei ineinandergeflochtene Tetraeder, die im Inneren des Würfels verborgen sind.

Die gelbe Farbe des Helms zeigt, daß der König seine hohen geistigen Kräfte und seine Weisheit in Gedanken, Worten und Sprache offenbart. Die roten Konturen des Helms sind wieder ein Hinweis auf die Geistigkeit und Weisheit des Königs. Die dunkle Farbe seiner Haare und seines Bartes symbolisiert, daß er sich mit der materiellen Welt beschäftigt. In der römischen Mythologie ist er Jupiter und in der griechischen Zeus, der Gott der Weisheit und der himmlische Herrscher über die Erde.

Sein innerstes Wesen ist mit roter Farbe bekleidet. Man sieht aber dieses Kleid nur auf seinen Beinen, auf seinen Knien und seinen Armen. Der übrige Teil seines innersten Kleides ist mit anderen Kleidungsstücken bedeckt. Auf seiner Brust und auf seinen Schultern trägt der König einen hellblauen Panzer. Vorne auf der Brust sehen wir rechts die Sonne und links den Mond dargestellt. Der Panzer zeigt seine Unbeeinflußbarkeit und seine Widerstandskraft gegenüber Feinden und äußeren Angriffen. Sonne und Mond zeigen, daß er diese zwei großen Energien, die positiv-männliche Energie der Sonne und die negativ-weibliche des Mondes, in sich selbst vereinigt, über die beiden verfügt und mit diesen im Weltall arbeitet. Um den Hals trägt er eine dicke, goldgelbe Kette, die seine starke Vernunft symbolisiert.

Der Panzer ist verziert mit roten rechteckigen Zacken mit gelber Einsäumung, die teilweise seinen blauen Rock und seine blauen Ärmel bedecken. Er offenbart also Geistigkeit, Wohlwollen und Güte. Er trägt an seinen Füßen auch blaue Strümpfe; das bedeutet, daß seine Schritte immer von reiner Liebe und Humanität geführt werden. In seiner rechten Hand hält der König ein mächtiges Zepter, das in drei großen lilienförmigen Kelchblättern endet. Der König hält das Zepter in der rechten Hand und zeigt damit, daß er mit positiv-männlichen Kräften arbeitet.

In seiner linken Hand hält der König einen grünen Reichsapfel. Das bedeutet, daß er Macht über die irdische Welt hat. Aber diese Macht ist keine rohe Gewalt, sondern die unwiderstehliche Kraft der universellen Liebe. Darum ist der Reichsapfel in seiner Hand so groß und grün.

Der König sitzt auf einem großen gelben Würfel, auf welchem ein brauner Adler dargestellt ist. Der Würfel ist die einfachste Kristallisationsform der Materie, die Kristallform des Salzes.* Daß der König auf einem Würfel sitzt bedeutet, daß er, obgleich mit seiner

* Siehe Näheres: E. Haich »Einweihung«.

Geistigkeit über der Materie stehend, dennoch die Materie und die materielle Welt als einen stabilen Grund braucht, auf welchem seine Aktivität ruht. Er herrscht über die Materie und er gebraucht sie auch dazu, um durch Umwandlung aus materiellen Kräften geistige Kräfte zu gewinnen. Das zu zeigen hält der König seine Beine so, daß er mit diesen ein Kreuz, das Symbol der Materie, bildet.

Der Würfel bedeutet eine sehr feine Materie, durch welche er seine Weisheit offenbart. Diese Materie ist das Gehirn des Menschen. Deshalb ist der Würfel gelb. Es ist eine intelligente Materie. Die Menschen offenbaren durch ihr Gehirn die höheren Wahrheiten und die göttlichen Ideen des Himmelskönigs. Ohne dieses könnte der König seine Weisheit nicht in Gedanken, in Sprache und Schrift ausdrücken und weitergeben. Der dunkle Adler ist das Symbol der Materie, das aber nicht mehr die niedrige Triebhaftigkeit offenbart und als ein Skorpion auf der Erde kriecht, sondern mit der Offenbarung hochstehender Gedanken der Geisteswelt dient und als Adler hoch in den Lüften fliegt. Der Adler dreht seinen Kopf nach rechts, also auf die positiv-männliche Seite, um auch damit anzudeuten, daß die Kraft, mit welcher der König arbeitet, immer männlich-positiv, gebend ist. Wir verstehen die Bedeutung dieses Würfels noch besser, wenn wir an die Kaaba denken, die in Mekka der Mittelpunkt des mohammedanischen Religionskultes ist. Die Kaaba ist ein würfelförmiges Gebäude, das nach der Tradition in seiner heutigen Form noch von Abraham gebaut wurde. Auf der ganzen Erde dreht sich jeder Mohammedaner beim Gebet in der Richtung dieser Kaaba. Und jeder Mohammedaner, wenn er nur irgendeine Gelegenheit dazu hat, pilgert einmal in seinem Leben zu dieser Kaaba. Im Inneren der Kaaba stehen zwischen drei Säulen zwölf silberne Lampen mit einer dreizehnten Lampe in der Mitte. Die drei Säulen symbolisieren die göttliche Trinität und die zwölf Lampen die zwölf Tierkreiszeichen mit der Sonne in der Mitte. Die Kaaba hat keine Fenster, nur eine einzige Tür, die sieben Fuß hoch in ihr eingebaut ist und zu der man auf einer siebensprossigen Leiter hinaufklettern muß. Die Mohammedaner nennen die Kaaba »Das Haus Gottes«, das nichts anderes bedeutet als den Menschen selbst. Die Symbolik dieser Kaaba ist so klar, daß man wirklich kaum zu erklären braucht, daß die Kaaba, der Würfel, die Materie, der Körper des Menschen ist, in welchem das göttliche Selbst, GOTT wohnt. Die drei Säulen stellen die göttliche Trinität dar, welche den Körper mit den göttlichen Kräften des Logos belebt. Christus sagte: »Das Himmelreich ist in euch.« Dasselbe Symbol, den Würfel mit dem innewohnenden göttlichen Prinzip, das hier als das sich aufopfernde Lamm dargestellt ist, finden wir in der Bibel in den Johannes-Offenbarungen. Johannes erzählt uns, was er sah: »Und es kam zu mir einer von den sieben Engeln ... und redete mit mir und sprach: Komm, ich will dir das Weib zeigen, die Braut des Lammes. Das Bewußtsein des Menschen, das sich mit dem göttlichen Prinzip vereinigen wird. Und führte mich hin im Geist auf einen großen und hohen Berg und zeigte mir die große Stadt, das heilige Jerusalem, herniederfahren aus dem Himmel von Gott. Und der mit mir redete, hatte ein goldenes Rohr, daß er die Stadt messen sollte, und ihre Tore und Mauern. Und die Stadt liegt viereckig, und *Länge und Breite und Höhe der Stadt sind gleich.* (Also ein Würfel!) Und die Stadt war von lauterem Golde, und die Gassen waren lauter Gold als ein durchscheinendes Glas. Und ich sah keinen Tempel darinnen; denn der Herr, der allmächtige Gott ist ihr Tempel und das Lamm. Und die Stadt bedarf keiner Sonne noch des Mondes, daß sie ihr scheinen; denn die Herrlichkeit Gottes erleuchtet sie, und ihre Leuchte ist das Lamm.« Wie wir sehen, der Visionär der Bibel sah den Körper des erleuchteten und erlösten Menschen auch als einen durchsichtig gewordenen Würfel, die kristallisierte Urform der Materie, aus dem das Licht Gottes, das sich aufopfernde göttliche Prinzip, das Lamm mit seinem himmlischen Licht leuchtet.

Vor dem König sehen wir dieselbe Blume, die wir schon hinter dem Magier noch als Knospe gesehen haben. Dort bedeutete diese Blume, daß der Mensch noch nicht bewußt ist und der größte Teil seines

Wesens noch *hinter* seinem Bewußtsein, im Unbewußten, liegt. Hier steht die Blume schon *vor* dem Himmelskönig und fängt schon an, sich zu öffnen. Die Blume ist also keine Knospe mehr. Der Mensch auf dieser Stufe ist schon bedeutend bewußter als auf der Stufe des »Magiers«. Er hat schon Macht über seinen eigenen Körper, über seine materielle Form. Er hat schon bis zu einem gewissen Grade Selbstbeherrschung. Er gebraucht seinen Körper als eine Kraftquelle und wandelt körperliche Energien in geistige Kräfte um. Dadurch kommt er auf dem langen Weg zum großen Ziel schneller vorwärts. Seine Seele ist schon keine Knospe mehr; sie öffnet sich allmählich und strahlt das göttliche Licht, die Liebe, aus. In ihm dämmert es, daß die seelische Stufe des Menschen nicht davon abhängt, wieviel er weiß, sondern davon, wieviel Liebe er in sich hat. Was er mit seinem Kopf gelernt und verstanden hat muß er verwirklichen. Er darf seine Erfahrungen und sein Wissen nicht für sich behalten, sondern muß es den nach ihm kommenden unwissenden Menschen weitergeben. Er verfügt schon über Selbstbeherrschung und ist Herr über körperliche Wünsche. Die Kraft, die er dadurch gewinnt, gebraucht er dazu nicht nur sich selbst, sondern auch seinen Mitmenschen weiterzuhelfen. Er sieht schon das große Ziel und er widmet sein ganzes Leben der Aufgabe, selbst noch geistiger zu werden und auch andere zur Geistigkeit zu führen. Er hat schon viel gelesen, viel gelernt, und auch von großen Menschen, die das Ziel erreicht haben, göttliche Wahrheiten gehört. Er hat aber auch schon viele eigene Erfahrungen gesammelt und kann so aus seiner Schatzkammer reiche Schätze weitergeben. Immer mehr Menschen kommen zu ihm, um Ratschläge und Hilfe zu erbitten, und er versucht, das Leiden der Menschen zu lindern. Er hilft wo er kann und in seinem Herzen blüht Barmherzigkeit und universelle Liebe auf, genauso wie die Blume ihre Kelchblätter öffnet.

Das Bild des Königs trägt die Zahl 4 und den Buchstaben DALETH. Die Zahl 4 als geometrische Form, als Quadrat oder Kreuz, finden wir in der Würfelform. Denn wenn wir den Mantel des Würfels ausbreiten, bekommen wir ein Kreuz. Alle sechs Seiten des Würfels sind rechtwinklige Quadrate. Auf der ganzen Erde und bei jeder Religion sind die geometrischen Formen des Quadrates und des Kreuzes das Symbol der Materie. Auf den zwei Balken des Kreuzes, auf Zeit und Raum, ist der Weltgeist, der Logos, Christus gekreuzigt. Im Schnittpunkt der zwei Kreuzesbalken ist die absolute Gegenwart. Zeit und Raum vereinigen sich dort. Für uns verkörperte Geister ist dieser Punkt, die absolute Gegenwart, die einzige Möglichkeit, die ERLÖSUNG, die BEFREIUNG noch im Körper zu erlangen. Sonst sind wir in Zeit und Raum »gekreuzigt«. Wenn es uns gelingt, in der absoluten Gegenwart mit absolutem Bewußtsein auszuharren, dann sind wir von der »Kreuzigung« in Zeit und Raum befreit. Dann sind wir in der Ewigkeit auferstanden. Das Kreuz mit der gekreuzigten Menschengestalt darauf ist als Symbol so alt wie die Menschheit selbst. Überall hat man bei Ausgrabungen solche jahrtausendealten Kruzifixe gefunden, in Amerika und auch im Orient.

Die Zahl 4 finden wir noch als Symbol in den vier großen Strömen, die in der Mitte des Paradieses ihren Ursprung haben und in die vier Himmelsrichtungen fließen. Auch in den vier großen Tierkreiszeichen in Esekiels Vision: Löwe, Stier, Engel und Adler; und ebenso erscheint in den vier Gesichtern Gottes in der Religionsphilosophie der Hindu die Zahl 4 als Symbol.

Die Tarotkarte KÖNIG ergänzt die Tarotkarte KÖNIGIN. Der König ist die positiv-männliche Seite und die Königin die negativ-weibliche Seite einer einzigen göttlichen Einheit. Die Zahlen 3 und 4 geben zusammen die Zahl 7, welche die Schlüsselzahl der irdischen Ebene ist. Darum die sieben Sprossen der Leiter, welche in Mekka in die Kaaba führt. Wenn wir die Zahl 7 nach zahlenmystischer Methode addieren, $1 + 2 + 3 + 4 + 5 + 6 + 7$, bekommen wir die Zahl 28.

Die Quersumme der Zahl 28 ist die göttliche Zahl der Vollendung, der Erfüllung der Schöpfung, die Zahl 10. Die Null zählt nicht als mystischer Zahlenwert, weil sie den Raum symbolisiert. So bleibt schließlich als Endresultat die göttliche Zahl 1. Dasselbe Resultat bekommen wir, wenn wir die Zahl 4 nach zahlenmystischer Methode addieren, $1 + 2 + 3 + 4 = 10$. Endresultat wieder 1.

Der Buchstabe DALETH ist das Bild des belebenden und tätigen Prinzips des Universums. Durch ihn läßt Gott die Bilder der Körper und alle die verschiedenen Gestalten der Materie darstellen. Daleth entspricht dem 4. Sephirot Chesed, das Liebe und Güte bedeutet.

DER HOHEPRIESTER

Zahl: 5

Buchstabe: ה HE

Eine männliche Gestalt mit allen Würdezeichen eines hochstehen-
den Priesters sehen wir auf diesem Bild. Er ist der Hohepriester.
Er sitzt auf einem Thron, von welchem wir nur zwei Säulen der
hinteren Lehne sehen. Zwischen den zwei Säulen ist kein Vorhang
mehr ausgespannt, es gibt nichts mehr zu verbergen. Auch das Gesicht des Hohenpriesters ist ohne Schleier. Er zeigt uns sein Gesicht
offen, er hat ebenfalls nichts mehr zu verbergen.

Die weißen Haare und der weiße Bart des Hohenpriesters zeigen,
daß er ein geistiges Wesen ist, das selbst nie irdisch wird, auch wenn
es in der irdisch-materiellen Welt arbeitet. Er bleibt immer geistig.

Der Hohepriester hat eine gelbe Tiara auf dem Kopf, die von drei
goldenen Reifen umgeben ist und oben, im symbolischen Zeichen
der materiellen Welt, in einem Kreuz endet. Die drei Reifen symbolisieren die drei Welten, über welche der Hohepriester Macht hat:
Himmel, Erde und Hölle. Er kann diese für den Menschen öffnen
oder schließen, ihn hinein- oder herausführen.

Seine Bekleidung ist ähnlich wie die der Hohenpriesterin. Sein innerstes Wesen ist durchdrungen von universeller Liebe. Deshalb trägt
er ein blaues Gewand auf dem Körper. Darüber hat er einen großen
roten Mantel, der seine ganze Gestalt bedeckt. Durch diesen Mantel

offenbart der Hohepriester nach außen seine hohe Geistigkeit. Der gelbe Saum des Mantels ist ein Hinweis darauf, daß er seine Geistigkeit durch Gedanken und durch Worte offenbart. Die grüne Farbe der inneren Seite des Mantels bedeutet Sympathie, Wohlwollen und Freundlichkeit.

Er trägt weiße Handschuhe mit blauen Kreuzen auf der Oberseite. Es bedeutet, daß, wenn er auch mit der materiellen Welt in Berührung kommt, seine Hände trotz aller Unreinheiten der irdischen Welt doch immer rein bleiben. In seiner linken Hand hält er ein Zepter, welches in einem dreifachen Kreuz endet. Dieses symbolisiert ebenso wie die goldenen Reifen auf seiner Tiara die drei Welten: Himmel, Erde und Hölle.

Vor ihm knien zwei Gestalten. Schon ihre Bekleidung zeigt, daß sie zwei einander ergänzende Gegensätze sind. Die eine hat einen roten Kragen und dunklen Mantel, die andere einen dunklen Kragen und roten Mantel. Eine hat helle, die andere dunkle Haare. Die beiden symbolisieren den positiven und den negativen Pol, aber gleichzeitig auch die zwei Geschlechter, das positiv-männliche und das negativ-weibliche. Sie hören zu, was der Hohepriester sie lehrt. Die dunkelhaarige männliche Gestalt schaut zu ihm auf und hört andachtsvoll zu. Die blonde weibliche Gestalt verbirgt ihr Gesicht in den Händen und scheint erschrocken zu sein. Der Dunkelhaarige legt seine rechte Hand ermutigend auf ihren Rücken. Die beiden symbolisieren den inneren seelischen Zustand eines Menschen, der auf der Stufe der Tarotkarte »Hohepriester« steht. Seine positiv-männliche Natur hat schon den Mut, seiner inneren Überzeugung zu folgen, aber das Irdisch-Körperliche in ihm ist erschrocken und gibt ihm das Gefühl, daß er etwas Wertvolles verlieren könnte. Aber die Wahrheit wirkt stark in ihm und durch jede neue Erfahrung wird er geistiger. Das gibt ihm Kraft nach seiner innersten Überzeugung zu leben. Er spürt, daß man nicht *von* dieser Welt sein muß, wenn man auch *in* dieser Welt lebt. Er *weiß*, daß er sich mit seinen Trieben auseinandersetzen und mit ihnen fertig werden muß. Er ist in der Selbstbeherrschung schon so weit gekommen, daß er im Kampf mit dem Selbsterhaltungstrieb gesiegt hat. Essen und Trinken braucht er nicht mehr als Genußmittel. Er hat also auch seine Süchte besiegt. Jetzt muß er aber auch noch in seinem Geschlechtsleben Ordnung schaffen und es in die richtige Bahn lenken. Er versteht, daß er nicht nur ein Geschlechtswesen, sondern über das Geschlecht hinaus ein *Mensch* ist. Er sieht klar, daß sein Geist kein Geschlecht hat, und daß, wenn ein Mensch in seinem Geist erwacht und bewußt wird, er sich nicht mehr als »Frau« oder »Mann«, sondern als »Mensch« fühlen wird. Er weiß, daß man am Ziel androgyn wird. Wenn auch sein Körper nur eine Hälfte des Ganzen, also *ein* Geschlecht offenbart, steht er in seinem Bewußtsein doch über dem Geschlecht. Er versucht nach dieser Einsicht zu leben und wie ein Kind zu werden, mag es ihm auch nicht immer gelingen. Während dieser Arbeitsperiode lernt er viele neue Wahrheiten kennen. Er erfährt an sich selbst, daß sein Körper nicht etwa nur eine leere Hülle für seinen Geist darstellt, sondern einem mit Wasser getränkten Schwamm gleich mit den Kräften des Geistes durchtränkt ist. Und die Kräfte des Körpers, die vom Geiste stammen, aber jetzt schon als körperliche Kräfte auf sein Bewußtsein wirken, sind genauso stark wie er selbst, weil diese Kräfte eben in materialisierter Form, ER SELBST SIND. Deshalb ist es so schwer, diese Kräfte in sich zu beherrschen und im Bewußtsein darüber zu stehen, weil man *sich selbst* gegenübersteht. Sein höheres Selbst unterrichtet ihn, wie der Hohepriester die zwei Gestalten lehrt. Und er sieht immer klarer und versteht die engen Beziehungen besser, die zwischen seinem geistigen Selbst und seinem Triebwesen bestehen, das ihn noch nicht freigeben will. Aber die Wahrheit ist schon stärker und er sieht ein, daß er wirkliche Freuden und eine wahre, beglückende Liebe in der körperlichen Einheit nur dann zu erleben in der Lage ist, wenn diese körperliche Einheit die Offenbarung einer viel tieferen geistigen Einheit ist. Und er fängt an, in dem zum anderen Geschlecht gehörenden Menschen zuerst Verständnis und Freundschaft, also eine innere Verbindung und eine geistige Einheit zu suchen. Er sieht ein, daß er parallel zu seinem inneren Leben auch in seinem äußeren Leben Ordnung und Harmonie schaffen muß, um die Lösung seiner Probleme zu finden; und um die innere Zufriedenheit zu erreichen, muß er unbedingt die äußere und innere Welt auf einen Nenner bringen. Merkwürdigerweise kommt ihm dabei das Schicksal zu Hilfe, denn als ob eine unsichtbare Macht seine inneren Kämpfe sehen würde, bringt ihm die Fügung in seinem irdischen persönlichen Leben neue Möglichkeiten und neue Aufgaben. Allein schon die Tatsache, daß immer mehr Menschen zu ihm kommen, um seinen Rat und Hilfe zu erbitten, zwingt ihn, seine bisherige Lebensweise aufzugeben. Er muß seinen Lebensablauf so einteilen, daß er seinen Mitmenschen mehr Zeit und Energie widmen kann. Dadurch lernt er auch selbst das Leben von verschiedenen Seiten kennen und lernt sich mit den vielen schweren Problemen zu beschäftigen, welche die Hilfesuchenden vor ihm ausbreiten. Und so erkennt er, daß Himmel, Erde und Hölle tatsächlich existieren, aber nicht als Orte, sondern als Zustände des Menschen. Es hängt vom Menschen ab, in welchen Zustand er sich mit seinem richtigen oder unrichtigen Tun bringt. Allmählich sieht er ein, daß ein leidender Mensch darum leidet, weil er für eine neue Stufe reif geworden ist. Auf dem großen Weg ist der leidende Mensch zu einem neuen Meilenstein gelangt. Das Leiden zwingt ihn auf diese neue Stufe zu treten, auf der seine Leiden aber plötzlich aufhören, weil er die Probleme, die er bisher als ganz schwer und bedrückend betrachtet hat, jetzt von einem ganz anderen Standpunkt aus gar nicht mehr so schwer empfindet.

So kämpft der Mensch in sich und auch in der irdischen Welt. Durch diesen Kampf kommt er vorwärts, immer höher, sein Horizont wird weiter und er wird in seinem Wesen immer bewußter. Doch der Weg ist noch lang und er darf nicht stehenbleiben. Er muß mit Geduld weiter wandern, weil noch weitere Meilensteine auf ihn warten.

Die Tarotkarte 5, der »Hohepriester«, trägt die Zahl 5 und den Buchstaben HE.

Die Eingeweihten nennen die Zahl 5 die Christuszahl, oder die Zahl des Logos. Die göttliche Zahl der Erfüllung, der Schöpfung, ist die Zahl 10. Die Hälfte dieser Summe ist 5. Die Symmetrie im Körper der Lebewesen bedeutet, daß der Logos die göttliche Zahl 10 in zwei symmetrische Seiten teilt, und in diesen zwei Teilen wirkt die Hälfte der Zahl 10, das ist die Zahl 5. Wir Menschen haben an jeder Hand 5 Finger, an beiden Händen zusammen 10 Finger. Ebenso haben wir zweimal 5 Zehen an den Füßen. Im Mund haben wir 32 Zähne, die Quersumme ist 5. Im oberen Kiefer sind 16 Zähne, Quersumme 7, im unteren Kiefer sind auch 16 Zähne, Quersumme auch 7. Die beiden Quersummen geben zusammen 14, Quersumme wieder 5. Die Christuszahl kommt also immer wieder zum Vorschein. Die Zahl der Sinnesorgane ist auch 5: Sehen, Hören, Riechen, Schmecken und Tasten. Und wenn wir die Glieder, die zwei Arme und die zwei Beine mit dem Kopf zusammenzählen, also die 5 Endungen des menschlichen Körpers, bekommen wir wieder die Zahl 5. Der Mensch ist auf dem Fünfeckstern aufgebaut und der Lebensstrom zirkuliert im

Menschen auch in der Form des Fünfecksterns. Deshalb ist unser Körper rechts mit positivem und links mit negativem Strom belebt. Die Zahl 5, da sie selbst die Hälfte der Zahl der vollendeten Schöpfung, der Zahl 10, ist, hat mit der Zahl 2 eine innige Verbindung, die sie immer behält. Denn mit der Zahl 5 multiplizieren bedeutet mit *2 teilen* und das Ergebnis mit 10 multiplizieren (eine sehr einfache Manipulation). Eine Summe mit der Zahl 5 teilen, bedeutet die Zahl mit *2 multiplizieren* und dann mit 10 teilen. Die zwei Zahlen 5 und 2 ergänzen sich und geben die Schlüsselzahl 7, die mit der kabbalistischen Reduktion wieder zu der Quersumme 10 führt, $1 + 2 + 3 + 4 + 5 + 6 + 7 = 28, 2 + 8 = 10$. Die Tatsache, daß die Zahl 10 sich in der Schöpfung als zwei einander ergänzende symmetrische Hälften – als zweimal 5 – manifestiert, wie an den zwei Händen die 5 Finger etc. zeigt sich merkwürdigerweise auch dann, wenn wir die Zahlen von 1 bis 10 addieren: $1 + 2 + 3 + 4 + 5 + 6 + 7 + 8 + 9 + 10 = 55$, zusammen: $5 + 5 = 10$! Die Tarotkarte 5, der »Hohepriester«, ergänzt die Tarotkarte 2, die »Hohepriesterin«, aus demselben Grunde.

Der Buchstabe HE entspricht in der Kabbala der 5. Sephirot, der Pachad heißt, was Furcht, Urteil und Stärke bedeutet. Hieroglyphisch bedeutet er Atem. Das Leben wird durch Atem unaufhörlich geschaffen und erhalten und hieraus entspringt die Idee des Allesbeseelten.

DER SCHEIDEWEG

Zahl: 6

Buchstabe: ﬥ VAU

Wir sehen auf diesem Bild wieder den »Magier«. Er hat seinen Hut, der seinen unendlichen Geist darstellt, nicht auf. Hier geschieht also etwas mit ihm, das nicht seinen Geist betrifft. Seine hellen Haare flattern, die gelbe Farbe zeigt seine hohe Intelligenz. Sein Kleid ist rot und grün. Seine Brust ist rechts rot, links grün. Sein kurzer Rock hat die Farben umgekehrt, rechts grün und links rot. Auf seinen Beinen entsprechen die Farben wieder denen auf seiner Brust. Die Ärmel sind gelb. Diese Kleidung bedeutet, daß sein ganzes Wesen und alle seine Schritte von Geistigkeit, Menschenliebe und Humanität geführt werden. Er ist auch in seinem Inneren von diesen Prinzipien erfüllt. Seine Aktivität, durch die Arme dargestellt, wird von seinem Verstand geführt. Ehe er etwas tut bedenkt er gründlich, ob es richtig oder unrichtig ist. Seine Hände sind auf der Brust gekreuzt, wie wenn er sich gegen einen äußeren Einfluß schützen würde. Seine Augen sind niedergeschlagen. Er verteidigt sich gegen suggestive Blicke, die ihn durchdringen wollen. Er will seinen Entschluß von außen her nicht beeinflussen lassen. Über seinem Kopf ist ein zwölfzackiger Stern und darin in einem Kreis ein Engel, der mit einem gespannten Bogen soeben einen Pfeil auf den Magier abschießt. Die zwölf Zacken des Sterns bedeuten die zwölf Tierkreiszeichen, also die schöpferischen Energien, welche die sichtbare Welt aufbauen.

Der junge Mann steht an einem Scheideweg. Auf jeder Seite der Weggabelung steht eine weibliche Gestalt. Rechts erkennen wir die Himmelskönigin mit der Krone auf ihren blonden lockigen Haaren und mit ihrem rot-blauen Kleid. Links steht eine Frau mit braunen Haaren; sie trägt ein gelbes Kleid und darüber einen grünen Überwurf. Wir wissen schon, daß die gelbe Farbe den Verstand symbolisiert, aber hier bedeutet die gelbe Farbe und auch der dünne rote Saum am Hals, der rote Gürtel und die rote Blume in ihren Haaren nur Schlauheit und selbstsüchtige Berechnung ohne wahre Geistigkeit und ohne Gottesglauben. Die blaue Farbe fehlt. Der grüne Überwurf symbolisiert, daß sie nach außen hin Freundlichkeit und Sympathie zeigt, um damit ihre Opfer zu betören. Beide Gestalten berühren den jungen »Magier«, sie locken ihn, daß er ihnen folge.

Beide Frauen symbolisieren den inneren Kampf des Menschen auf dem Scheideweg. Das Schicksal bringt jeden Menschen einmal in seinem Leben an diesen Scheideweg. Er muß wählen, ob er nach rechts oder nach links gehen will. Die rechte Seite führt ihn durch schwere Kämpfe, sogar mit viel Entsagung und Opfern, zu einem tugendhaften Leben, das ihm dennoch viel reine Freude der *echten Liebe* bringt. Die linke Seite lockt ihn zu leichtem Erfolg ohne Kampf, zu einem leichtsinnigen und lasterhaften Leben, in welchem er kurzdauernde Genüsse in der Befriedigung seiner körperlichen Lust und seiner Triebe findet, die aber immer einen bitteren Nachgeschmack hinterlassen und sein Bewußtsein unwiderstehlich auf eine tiefere Stufe hinunterziehen. Das Ende eines solchen Lebens ist inneres Chaos und seelische Zerstörung.

Die beiden Wege sind durch die zwei Frauengestalten symbolisiert. Das bedeutet aber nicht, daß an diesem Scheideweg *ein Mann* unbedingt zwischen *zwei Frauen* wählen muß. Das kann zwar vorkommen, aber es wäre nur ein Fall von den vielen Fällen, in welchen der Mensch – ob Mann oder Frau – vor dieser Weggabelung steht. Wie oft kommt es vor, daß zum Beispiel ein Arzt, ein Wissenschaftler, ein Künstler oder ein Kaufmann wählen muß zwischen leichtem Erfolg, für den er sich aber verkaufen und seine innere Überzeugung aufgeben muß, und einem schweren Schicksal, in welchem er zwar nach seiner Überzeugung handelt, dafür aber weltlichen Erfolg und ein bequemes Leben aufgeben muß. Ein Dr. Hahnemann gab seine Praxis als Arzt auf, weil er mit den damaligen Heilmethoden nicht einverstanden sein konnte. Er hungerte lieber mit seiner ganzen Familie und verdiente sein Brot spärlich durch Übersetzungen, aber er hat sich und seine innerste Überzeugung nicht verkaufen können. Dann fand er die Homöopathie und wurde weltberühmt! Aber was für ein Elend hatte er bis dahin mit seiner Familie auszuhalten! Oder ein Böcklin, dem ein Kunsthändler eine große Summe versprach, wenn er zum Beispiel auf einem seiner Bilder den Hals eines Schwans, der gerade stand, kitschig abbiegen würde. Böcklin dachte an seine hungernde Familie, zögerte einen Augenblick, antwortete aber dann: »Nein! Das kann ich nicht. Auf diesem Bild hält der Schwan seinen Hals so!« Und die Familie Böcklin lebte weiterhin sehr spärlich, aber Böcklin hatte seine Überzeugung, sich Selbst, nicht verkauft. Noch weitere Beispiele wären zu erwähnen: Luther, der die hohen geistlichen Würden, die der Papst ihm als Schweigegeld angeboten, zurückweist, und lieber die Verfolgung durch die Kirche auf sich nimmt, als daß er seine Überzeugung preisgibt. Rembrandt hungert und malt im größten Elend, um die Geheimnisse von Licht und Schatten zu erforschen, statt reiche Bürgerinnen als schöne Frauen darzustellen, wodurch er rasch wohlhabend geworden wäre.

Viele Menschen haben diesen Scheideweg in sich erlebt und wissen, was es bedeutet, »sich dem Teufel zu verkaufen«. Auch Jesus von Nazareth hat diesen Scheideweg in der Wüste erlebt, als Satan ihn in Versuchung brachte und ihm alle Schätze der Welt anbot, wenn er seine Überzeugung aufgäbe, ihm folgte und täte, was er von ihm verlangte. Wieviele Menschen standen schon an derselben Weggabelung und mußten den Teufel mit den göttlichen Worten wegjagen »Apage Satanas!« Weiche von mir Satan!

Natürlich kommt es vor, daß ein Mensch auf dieser Bewußtseinsstufe tatsächlich zwischen zwei Frauen – oder eine Frau zwischen zwei Männern – wählen muß. Oder vielleicht müssen sie nur zwischen zwei Lebensweisen wählen. Das Gewicht liegt hier auf der Frage, ob ein Mensch wegen irdischer Vorteile seine innere Überzeugung, seine innere göttliche Stimme aufgibt und damit sein göttliches Selbst verkauft, oder ob er felsenfest seiner inneren Stimme gehorcht und seiner Überzeugung folgt. Das bedeutet, daß er *Gottes Willen tut!* Und das ist das größte Glück, wenn der Mensch in sich, mit sich zufrieden ist, denn das bedeutet nichts anderes, als daß GOTT mit ihm zufrieden ist!

Auf dem Bild schießt der Engel in das Herz des Magiers. Er weiß sehr wohl, daß der Magier *unbedingt* und *nur* den richtigen Weg wählen *kann* und *wird*. Denn welchen Weg er immer wählt, er wählt *für sich* den richtigen, weil er auf beiden Wegen zum selben Ziel kommt, zu GOTT. Es ist nur eine Zeitfrage, denn der eine Weg, der linke, ist etwas länger als der andere, der rechte. GOTT kennt aber keine Zeit. Wenn der Mensch unerfahren ist, wird er und *muß er* die linke Seite wählen, um seine fehlenden Erfahrungen nachzuholen. Auf diesem linken Weg wird er dann kennenlernen, daß er auf dieser Seite sich selbst unglücklich macht, sich in ein seelisches Chaos und in seelische Zerstörung stürzt. Er verliert sich auf diesem Weg und fällt aus der Einheit, aus seinem göttlichen SELBST heraus. Und das ist das größte Unglück, das ist die Hölle. So muß er umkehren, sich »bekehren«, und den Weg aus dieser Hölle zurückfinden. Er muß auf den rechten Weg kommen, er ist ja schon reich an Erfahrungen. Dann wird er nicht mehr herausfallen können. Als Buddha nach einer in seinem Palast verbrachten Nacht plötzlich bewußt wurde, was für ein nutzloses Leben er führte und wie tief er dadurch sinken könnte, ging er in die Einsamkeit, um GOTT zu finden, um BUDDHA zu werden.

Oder ein anderes Beispiel hier in Europa: Franziskus von Assisi besinnt sich inmitten einer betrunkenen Gesellschaft, und es kommt ihm zum Bewußtsein, was er eigentlich tut. Er steht auf und geht für immer weg, um der große Heilige, Franziskus zu werden.

So muß der Mensch einmal auf dem linken Weg erwachen, so daß er sich nie mehr auf diesen Weg verirrt und glaubt, das Glück dort zu finden. Er muß den rechten Weg finden und auf diesem weitergehen, um das große Ziel zu erreichen. Diese Erfahrungen auf dem linken Weg muß ein jeder Mensch hinter sich haben, wenn er auf dem rechten Weg nicht fallen will. Denn wenn er *ohne die notwendigen Erfahrungen* unmittelbar die rechte Seite wählt, kann er dem Teufel nicht widerstehen, sobald dieser ihn in der Maske einer alltäglichen Prüfung in Versuchung bringt. Er hat die Kraft der Erfahrungen nicht und fällt. Er muß also zurück auf den linken Weg, um Erfahrungen zu sammeln.

Wenn ein Mensch aber diese Erfahrungen aus früheren Leben mitgebracht hat, kann und wird er unmittelbar den rechten Weg zu wählen wissen. Wenn er noch unerfahren ist, wählt er *mit einem Umweg* nach links die rechte Seite, und wenn er schon Erfahrungen hat, wählt er die rechte Seite *ohne Umweg*.

Der Engel, der in der Mitte der Tierkreiszeichen die Rolle der Sonne spielt, schießt den Pfeil, einen Lichtstrahl, ins Herz des Magiers. Dieser wird dann den Weg wählen, auf dem er seinen Erfahrungen entsprechend über kurz oder lang auf direktem oder indirektem Weg zum Ziel, zu GOTT kommt.

Die Tarotkarte DER SCHEIDEWEG trägt die Zahl 6 und den Buchstaben VAU.

Die Zahl 6 ergibt sich aus den zwei ineinandergefügten Dreiecken: Ein Dreieck steht mit der Spitze nach oben, das andere mit der Spitze nach unten. Das mit der Spitze nach oben symbolisiert die göttliche Trinität, das andere den Widerstand, die materielle Welt. Wenn wir den Mittelpunkt der beiden Dreiecke in einem Punkt vereinigen, bekommen wir den sechseckigen Stern, der das Herz des Menschen symbolisiert. Im Herzen, wo der Engel seinen Pfeil hineinschießt, treffen sich die beiden Welten, die geistige und die irdische. Der Mensch muß beide verwirklichen. Im Geist die himmlische und im Körper die irdische Welt.

Die Tarotkarte 6, DER SCHEIDEWEG, wird durch die Tarotkarte 1, durch den MAGIER, ergänzt. Die beiden geben zusammen die Zahl 7, die wieder, wie bei den vorherigen Karten, durch zahlenmystische Reduktion zur Zahl 10 führt.

Der Buchstabe VAU bedeutet das Auge, also alles das, was sich auf Licht und Helligkeit bezieht. Das Auge bildet eine Brücke zwischen Mensch und Außenwelt, denn durch das Auge werden Licht und äußere Welt dem Menschen offenbar. Dieser Buchstabe entspricht dem 6. Sephirot, Tiphereth, der Sonne und Glanz bedeutet, also alles das waş wir mit den Augen sehen.

DER TRIUMPHWAGEN

Zahl: 7

Buchstabe: ↑ ZAIN

Wir sehen auf diesem Bild wiederum den »Magier«. Hier ist er aber nicht mehr in Verlegenheit wie auf der Tarotkarte 6 und er braucht sich auch nicht gegen fremde Einflüsse zu verteidigen wie am »Scheideweg«. Selbstbewußt und entschlossen steht er hier, aber nicht zu Fuß, sondern in einem würfelförmigen Wagen, mit welchem er schneller ans Ziel gelangt. Er hat am Wendepunkt seines Lebens, am Scheideweg, die richtige Seite gewählt – wie gezeigt wurde, konnte er *nur* den richtigen Weg wählen –, und er wurde Sieger.

Auf dem Kopf trägt er jetzt eine Krone mit drei großen, leuchtenden Sternen. Ein Stern hat eigenes Licht, und Licht bedeutet in der Symbolik immer Bewußtsein. Diese drei Sterne bedeuten hier die drei Bewußtseinsphasen der Zeit: Vergangenheit, Gegenwart und Zukunft. Denn diese drei Phasen der Zeit existieren nur im Bewußtsein des Menschen. Der Sieger ist jetzt soweit, daß er aus den Schätzen der Vergangenheit bewußt seine Zukunft aufbauen kann.

Er trägt ein gepanzertes Kleid. Die Farbe des Kleides zeigt, daß er geistig eingestellt ist und tiefen Gottesglauben hat. Er hat einen kurzen Rock, auf welchem drei große gelbe Kreise dargestellt sind. Die drei Zacken des kurzen Rocks, in welchen die gelben Kreise stehen, sind mit gelb eingesäumt. Die drei großen Kreise symbolisieren die drei Welten Himmel, Erde und Hölle, die er schon als Bewußtseinszustände erkannt hat. Die gelbe Einsäumung bedeutet wieder, daß er seine Geistigkeit durch seinen glänzenden Verstand offenbart.

Auf seiner Brust sehen wir ein breites blaues Band, auf welchem die fünf Knöpfe, die er schon als »Magier« gehabt hat, aufgenäht sind. Diese sind wieder die fünf Sinnesorgane, die ihn mit der Außenwelt verknüpfen.

In der rechten Hand hält er seinen Zauberstab, der in seiner Hand als Sieger ein großes Zepter geworden ist. Er wurde in seiner Welt ein Herrscher.

Auf seiner Schulter sehen wir die zwei Himmelskörper Sonne und Mond, die wir schon auf der Brust des Himmelskönigs gesehen haben. Der Mensch als Sieger beherrscht auch schon die zwei großen Kräfte, die positive Sonnenkraft und die negative Mondkraft, und er arbeitet mit diesen beiden schöpferischen Energien ganz bewußt.

Den würfelförmigen Wagen haben wir schon gesehen, der Herrscher des Himmels saß darauf. Aber damals war es noch kein Wagen, sondern ein einfacher Würfel. Jetzt gebraucht der Sieger diesen Würfel als Wagen, mit welchem er seinen Siegeszug hält. Auf den vier Ecken des Wagens sind vier Stangen aufgestellt, die über dem Kopf des Siegers einen blauen Baldachin tragen. Die vier Stangen symbolisieren die vier Elemente: Feuer, Luft, Wasser und Erde. Der Sieger steht zwischen diesen Stangen im Schnittpunkt der Diagonalen, und so vereinigt er die vier Elemente in sich und beherrscht sie. Der Baldachin besteht aus vier großen blauen Halbkreisen. Auf jedem sind drei Sterne, zusammen also zwölf. Diese symbolisieren die zwölf Tierkreiszeichen wie auf dem Bilde der Himmelskönigin.

Auf der vorderen Seite des Wagens sind merkwürdige Formen dargestellt. In der Mitte erkennen wir die beiden vereinigten menschlichen Geschlechtsorgane. Sie ruhen ineinander wie der positive und der negative Pol auf der siebenten Bewußtseinsstufe ineinander ruhen. In der Bibel steht: »Am siebenten ›Tag‹ ruht Gott in sich, die Schöpfung steht stille.« In der Bibel bedeutet »Tag« Bewußtsein und »Nacht« das Unbewußte. Und die Zahl 7 ist die Zahl dieser Karte. Die chinesische Religionsphilosophie stellt diesen göttlichen, neutralen Zustand des »In-sich-Ruhens« der zwei Pole mit Yang und Yin dar:

Diese Darstellung der vereinigten Geschlechtsorgane auf dem Bild ist mit einem schmalen ovalen gelben Band umringt. Man versteht, daß der Sieger, der auf der Tarotkarte 6 den rechten Weg gewählt hat, schon weiß und es mit seinem Verstand versteht, daß die zwei Geschlechter eigentlich nur eines sind. Sie sind die zwei Hälften vom göttlichen GANZEN. Der Mensch, als geistiges Wesen, sollte also auf einer hohen Bewußtseinsstufe die beiden Hälften in sich vereinigen, wenn er das »Ganze« sein will. Im Körper kann er zum positiven oder negativen Pol gehören, im Geiste hat er die beiden Pole in sich und ist androgyn. Aber das, was man im Kopf hat, – *was man versteht* –, ist noch weit weg von der Verwirklichung. Und doch fängt die Verwirklichung damit an, daß man etwas eben versteht. Dann sickert aus dem Verstand das Verstandene in das Wesen. Die Bibel sagt: »Das Wort ward Fleisch«; so wird man allmählich das, was man vorher nur verstanden hat. Der Mensch auf dieser Bewußtseinsstufe versteht die Einheit der zwei Hälften, aber er *ist noch die eine Hälfte* und nicht das GANZE. Er erlebt das GANZE noch nicht in einem Seinszustand.

Über dieser Figur erkennen wir das ägyptische Symbol des Logos, des schöpferischen Prinzips, das durch das Weltall rast und alles erschafft und belebt. Es ist die vereinfachte Form des Falken Horus, ein roter Kreis mit großen Flügeln an beiden Seiten. Der Geist steht also über der Spaltung, er ist eine Einheit. Und derjenige, der sich auf diese geistige Ebene emporgekämpft hat, der ist in seinem Bewußtsein auch eine Einheit. Er ist in seinem Geiste ein GANZES.

Den Wagen ziehen zwei Sphinxe, eine weiße und eine schwarze. Die schwarze Sphinx kennen wir schon von der Tarotkarte 2. Sie saß dort neben dem Thron der Hohepriesterin. Die weiße war damals noch unsichtbar. Der Mensch hat auf der Bewußtseinsstufe der Hohepriesterin nur die materielle Welt und die Gesetze der materiellen Welt gekannt. Jetzt kennt er schon beide Seiten, die rechte und die linke Seite, die geistige und die materielle Welt. Sie sind für ihn keine Geheimnisse mehr. Wenn wir die beiden Sphinxe betrachten, fällt uns auf, daß es gar nicht zwei Sphinxe sind, sondern *eine* Sphinx mit zwei Oberkörpern. Die materiell-irdische Welt ist das entgegengesetzte Bild der geistig-göttlichen Welt. Was ich *sehe* und was ich *bin,* sind immer die genauen Gegensätze voneinander. Wenn wir einem Menschen gegenüberstehen, sehen wir seine rechte Hand auf der Seite unserer linken Hand und zugleich sehen wir seine linke Hand auf der Seite unserer rechten Hand. Also, das was ich *sehe,* kann ich nicht *sein,* und das was ich *bin,* kann ich nicht *sehen.* Kein Künstler konnte sein Selbstbildnis malen, denn er kann sich selbst niemals sehen. Er kann nur sein Spiegelbild sehen und malen. Aber das ist er ja doch nicht selbst, es ist nicht so, wie er in Wirklichkeit ist. Seine rechte Seite ist auf der linken und seine linke Seite ist auf der rechten Seite des Spiegelbildes!

Mit allem ist das so, aber wir wollen jetzt nur die Schrift als Beispiel näher betrachten. Wenn ich den Buchstaben E sehe, so steht dieser Buchstabe von links nach rechts. Wenn ich aber denselben Buchstaben E in einem Seinszustand erlebe, das heißt, wenn ich dieses E auf meine Brust schreibe, also *daß ich dieses E bin,* dann steht er genau umgekehrt, nämlich von rechts nach links. In der heutigen westlichen Kultur schreiben und lesen wir in einem aus dem Paradies herausgefallenen Zustand von links nach rechts. Es sind aber noch heute Völker, die ihre noch aus den Urzeiten stammende Schreibweise beibehalten haben und in einem Seinszustand von rechts nach links schreiben und lesen. Ein solches Volk sind die Juden. Sie übertragen den Seinszustand auf das Papier und lesen und schreiben von rechts nach links.

Die weiße Sphinx symbolisiert den Seinszustand und die braune Sphinx den Zustand des Falls aus dem Paradies. Sie versuchen in entgegengesetzter Richtung zu gehen, erreichen aber dadurch nur, als Ergebnis der entgegengesetzten Energien, die Vorwärtsbewegung des Wagens.

Der Sieger versteht diese Wahrheit schon und er *sieht* und *ist* die beiden Sphinxe. Er kennt bereits den Unterschied zwischen dem aus dem Paradies herausgefallenen Zustand und dem göttlichen Seinszustand, wenn er auch noch nicht immer in einem Seinszustand ausharren kann. Er fällt noch heraus, er projiziert sich immer wieder nach außen. Das Allzumenschliche zieht ihn noch heraus, er konnte es noch nicht ganz besiegen. Er ist aber dennoch auf dem Wege der Heimkehr.

Wie der Sieger in seinem Wagen selbstbewußt und selbstsicher steht, so wird der Mensch auf dieser Stufe selbstbewußt und selbstsicher. Er fängt an, seine eigenen Kräfte kennenzulernen, aber er ist schon so weit, daß er weiß und nicht vergißt, daß alle diese Kräfte nicht seine Kräfte sind, sondern daß sie Gott gehören. Er weiß bereits, daß er ohne GOTT ein Nichts ist, daß er alle seine Fähigkeiten und Talente aus der einen einzigen Urquelle aller Kräfte erhält. Alles was lebt bezieht nur die Lebenskraft, die Fähigkeiten und die Talente. Michelangelo, Beethoven oder andere Titanen haben ihre Fähigkeiten und Talente auch nicht von sich selbst gehabt, sondern sie haben sie alle von Gott erhalten.

Der Mensch verfügt über keine *eigene* Lebenskraft, Fähigkeiten und Talente. Er bekommt alles von Gott. Wenn der Mensch das einsieht, verliert er seinen früheren Hochmut und seine isolierte Einstellung, die nur aus seiner Unwissenheit stammte, und er wird bescheiden. Er weiß, daß er nur die Person, nur ein Lautsprecher Gottes ist. In der antiken Welt nannte man »Persona« die große Maske, die

die Schauspieler trugen, um ihre Stimme »durchtönen« zu lassen. Der Mensch läßt Gottes Stimme durch sich tönen. Gleichzeitig aber fühlt er schon, daß GOTT ihn liebt und ihn führt, weil GOTT noch Absichten mit ihm hat. GOTT gibt ihm eben deshalb Fähigkeiten und Talente, weil ER ihn als ein vorzügliches Offenbarungswerkzeug gebrauchen will. Der Mensch fühlt sich dann als Kind Gottes und versucht immer Gottes Willen zu tun. Er weiß schon, daß Selbstvertrauen Gottvertrauen ist! Er weiß, daß das Gute was in ihm ist, GOTT ist, und was das Unvollkommene in ihm ist eben deshalb unvollkommen ist, weil er seine Person und nicht immer GOTT offenbart. Er versucht also sich noch mehr zu entwickeln, um ein noch besserer Lautsprecher Gottes werden zu können. Je mehr er der Nichtigkeit seiner Person bewußt wird, desto selbstsicherer wird er, weil er fühlt, daß er nur die »Persona«, die »Maske« Gottes ist, und daß Gott aus ihm spricht, Gott aus ihm lehrt und alle Menschen durch ihn liebt. So wird er ein immer besserer Träger der göttlichen Kräfte. Er bemerkt als Wirkung seiner Worte und seiner Taten, daß er auf seine Mitmenschen eine suggestive Kraft ausübt. Er gebraucht diese Kraft, um anderen zu helfen. Die Menschen bemerken seine Überlegenheit. Was er aus seinem höheren Selbst will, das kann er auch durchführen. Er wird überall ein Sieger.

Diese Zeit ist für den Menschen ein Triumphzug. Den großen Kampf, den er auf dem »Scheideweg« kämpfen mußte, hat er gewonnen. Jetzt gibt es keine Kämpfe mehr, und er denkt gar nicht, daß in der Zukunft noch weitere, viel größere Kämpfe auf ihn warten könnten. Er ruht momentan auf seinen Lorbeeren aus und glaubt, daß jetzt der Weg ohne größere Anstrengungen immer aufwärts gehen wird. Er ist zufrieden mit sich selbst und mit der Welt. Er sieht alles optimistisch und sein Schicksal bringt ihm auch viele Anerkennung und Ehre. Die Menschen, die seine Kraftquelle, aus der er viel Kraft schöpft, noch nicht kennen, bewundern ihn. Sie werden seine Freunde und wollen von ihm lernen. Zwischen ihm und den Durchschnittsmenschen ist der Unterschied noch nicht so groß, daß diese ihn nicht verstehen könnten. So hat er mit seinen Lehren Erfolg und neben seinem irdischem Beruf nimmt er sich Zeit, sich mit seinen Mitmenschen zu beschäftigen. Überall erntet er Anerkennung, Liebe und Ehre.

So beendet der Mensch auf dieser Stufe den ersten Zyklus seiner Entwicklung, den die ersten sieben Tarotkarten darstellen. Gleichzeitig ist diese Stufe aber auch der Anfang eines neuen Zyklus, welcher mit der Karte 7 beginnt und mit der Karte 13 endet. Der Mensch ist also auf dieser Bewußtseinsstufe das Ende des vergangenen und der Anfang des zukünftigen Zyklus seiner Entwicklung.

Die Tarotkarte 7 trägt die Zahl 7 und den Buchstaben ZAIN.

Die Zahl 7 ist auf unserer irdischen Ebene die wichtigste Zahl. Sie ist die Schlüsselzahl unserer dreidimensionalen Welt. Alles, was hier auf Erden eine Einheit ist, löst sich in sieben Bestandteile auf. Die Bibel sagt, daß die sieben Seelen Gottes die Welt beleben und die Schöpfung aus sieben Schöpfungssphären besteht. In den Offenbarungen Johannes steht, daß das Lamm, das schöpferische Prinzip, der Logos, sieben Hörner hat, die die sieben schöpferischen Kräfte symbolisieren. In der Kabbala und in der indischen Vedanta-Philosophie finden wir dieselben Behauptungen und die sieben Ebenen werden gleich aufgezählt: die materiell-physische, die vegetative, die animale, die mentale, die kausale, die göttlich-seelische und die göttlich-schöpferische. Einer der großen Eingeweihten im Westen, Paracelsus, behauptete die gleiche Wahrheit. Das höchste Produkt der Schöpfung auf der Erde, der Mensch, besteht auch aus sieben Ebenen. Die Bauern sagen: »Der Mensch hat sieben Häute.« Die Bibel zählt noch viele Beispiele auf: die sieben fetten Kühe und die sieben mageren Kühe bedeuten die sieben fetten Jahre und die sieben mageren Jahre. Und Gott gab am Himmel ein Zeichen seines Bundes mit Noah: den Regenbogen, der aus sieben Farben besteht. Die sieben Töne einer Oktave; die sieben Wirbelknochen des Halses beim Menschen, bei der Giraffe oder beim Maulwurf; die sieben

Hügel auf welchen Rom gebaut wurde und die sieben Köpfe des Drachens in den Märchen sind alles Beweise der großen Wahrheit, daß die Schlüsselzahl der materiellen Welt die Zahl 7 ist. Auch die Geometrie zeigt die Wichtigkeit der Zahl 7. Jeder Kreis enthält 7 kleinere Kreise in sich, deren Durchmesser genau der dritte Teil des Durchmessers des großen Kreises ist:

Und in den drei Dimensionen hat die Zahl 7 die größte Bedeutung: Wenn der dimensionslose Punkt aus dem Ungeoffenbarten in die Offenbarung tritt und in der ersten Dimension zur Linie wird, enthält er drei Faktoren: Anfangspunkt, Endpunkt und das Intervall zwischen den beiden. Wenn die Linie sich weiter mit derselben Energie und mit derselben Geschwindigkeit in der zweiten Dimension offenbart, entsteht die Fläche, das Quadrat mit fünf Faktoren. Es hat vier Seitenlinien und als fünften Faktor die innere Fläche. Wenn sich die Fläche weiter in der dritten Dimension offenbart, entsteht der Würfel mit seinen sieben Faktoren: mit sechs Flächen und dem siebentem Faktor, dem Kubikinhalt. Die Zahl 7 ist also die Schlüsselzahl der dreidimensionalen Welt. Auch Johannes spricht in den Offenbarungen vom neuen heiligen Jerusalem, das die Braut des Lammes ist. »Und die Stadt liegt viereckig, und ihre Länge ist so groß als die Breite. Und er maß die Stadt mit dem Rohr auf zwölftausend Feldweges. *Die Länge und die Breite und die Höhe der Stadt sind gleich.*« (Off. Joh. 21.16). Wir sehen also, das neue Jerusalem ist ein *Würfel!*

Auch mit den Buchstaben des Alphabetes steht die Zahl 7 in einer besonderen Verbindung. Wenn wir sieben Punkte in Kreisform aufstellen und miteinander ohne Wiederholung verbinden, bekommen wir genau 21 Verbindungen mit dem Mittelpunkt, also 22 Faktoren. Und unser Alphabet besteht aus genau 22 Grundbuchstaben mit dem Jod im Mittelpunkt. Die zusammengesetzten Buchstaben sind nur weitere Variationen, aber keine selbständigen Buchstaben.

Der Buchstabe ZAIN bedeutet: »Sieg in allen Welten.« Zugehöriger 7. Sephirot entspricht Nezach, was Festigkeit bedeutet.

GERECHTIGKEIT

Zahl: 8

Buchstabe: ⊓ Geth

Hier sehen wir wieder unsere liebe Himmelskönigin mit neuer Bekleidung und mit neuen Attributen. Ihre Krone trägt sie noch auf dem Kopf und unter der Krone trägt sie eine rote Mütze. Dies zeigt, daß sie jetzt ganz stark mit ihrem Geist arbeiten muß. Sie durchdringt alles mit der Kraft des Geistes, um gerecht sein zu können. Der Kreis auf der Mütze mit einem Punkt in der Mitte ist das Symbol des Selbstbewußtseins.

Die Himmelskönigin hat jetzt keine Flügel. Sie braucht diese jetzt nicht, weil sie nicht mehr oben im grenzenlosen Himmel fliegt, sondern heruntergestiegen ist auf die Erde, in die Welt der Aktivität, um Gerechtigkeit zu üben.

Sie sitzt auf einem massiven Thron, der ihr als stabile Basis dient. Auf der Rückenlehne des Thrones rechts und links sind je vier, zusammen acht gelbe Knöpfe auf rotem Hintergrund. Sie symbolisieren die Zahl 8, die Zahl dieser Tarotkarte. Sie entsteht auch dadurch, daß wir die zwei kreisrunden Schalen der Waage übereinanderstellen.

Ihre Bekleidung besteht aus verschiedenfarbigen Stoffen. Der rote obere Brustteil hat einen weißen Saum und auf dem unteren Teil der Brust trägt sie eine blaue Weste, ebenso sind auch die Unter-

75

ärmel blau. Auf dem Körper trägt sie einen roten Rock und auf ihren Knien, über dem Rock, hat sie einen himmelblauen Überwurf mit grünem Futter. Wie wir schon wissen ist die rote Farbe im Symbolismus immer das Zeichen der Geistigkeit und die blaue Farbe bedeutet reinen Gottesglauben. Der weiße Saum bedeutet die Offenbarung des Geistes durch die Reinheit und das grüne Futter Sympathie und Wohlwollen gegenüber allen Lebewesen. Die oberen Teile der Ärmel bestehen aus gelben und grünen Streifen, die zeigen, daß sie in der Welt der Aktivität mit gutem Willen und mit Weisheit handelt.

In ihrer rechten Hand hält sie ein großes Schwert, daß sich aus dem früheren Zepter herausgebildet hat. Jetzt regiert sie nicht mehr mit ihrem Zepter, sondern mit dem kämpferischen Schwert. Sie braucht eine Waffe, um damit ihre Entschlüsse und ihr Urteil unwiderstehlich und unveränderlich durchzuführen. Sie muß oft schwere Probleme mit dem Schwert durchschlagen, wie es Alexander der Große mit dem gordischen Knoten getan hatte. Dieses Schwert ist gleichzeitig auch das Unterscheidungsvermögen der Himmelskönigin, womit sie die Böcke von den Schafen unterscheidet und trennt. Das Schwert ist die Unterscheidungskraft, womit die Gerechtigkeit, nachdem sie jeden Gedanken, jedes Wort und jede Tat abgewogen hat, im Menschen alles Unrichtige vom Richtigen trennt und aus dem Wesen des Menschen tilgt.

In ihrer linken Hand hält die Himmelskönigin eine Waage, mit welcher sie alles abwägt, was in ihren Gesichtskreis gelangt. Die große Frage ist, ob sie etwas zu schwer oder zu leicht findet, und je nachdem behält oder fallen läßt.

Der Mensch, der auf der Stufe des Siegers selbstsicher wurde, muß auf der Stufe der Gerechtigkeit in seinem inneren Wesen eine endgültige Ordnung schaffen. Bisher hat er seine Aufmerksamkeit nach außen gerichtet, hat die Eindrücke des Lebens, ohne zu untersuchen ob sie richtig oder unrichtig sind, in sein inneres Wesen, teilweise in sein Unbewußtes, wie in eine große Schüssel hineingeworfen.

Jetzt ist er so weit gekommen, daß er in sich Ordnung schaffen muß. Er holt Erinnerungen aus seinem Unbewußten in sein Bewußtsein herauf und wägt die kleinsten Eindrücke ab, ob sie es verdienen absorbiert zu werden oder ob sie erst noch verdaut werden müssen. Er muß für alles, was er in sich trägt, einen Ausgleich schaffen, um das absolute Gleichgewicht in sich zu finden. Wenn er in sich schmerzhafte Erinnerungen findet, die ihm jetzt noch immer weh tun, muß er dafür eine Erklärung finden, welche diese schmerzhaften Erinnerungen ausgleicht, damit er sie nur noch als lehrreiche Erfahrungen anerkennt. Er kann sich sogar darüber freuen, weil diese schmerzhaften Erfahrungen ihm mit großen Schritten vorwärtsgeholfen haben. Er holt alle seine Freunde und Feinde in sein Bewußtsein und untersucht, warum er gegenüber dem einen freundliche und gegenüber dem anderen feindliche Gefühle in sich trägt. Während dieser inneren Arbeit findet der Mensch merkwürdige Resultate. Er hat in seinem bisherigen Leben oft gerade durch seine Feinde viel mehr gelernt und erfahren, und er wurde durch seine Feinde viel gescheiter, vorsichtiger und weiser als durch seine Freunde, die vielleicht gar nicht seine *wirklichen* Freunde waren. Die Feinde haben ihn nicht geschont, sie sagten ihm oft die objektive Wahrheit ins Gesicht. Die Freunde dagegen wollten ihm nicht weh tun und verschwiegen aus lauter falsch verstandener Rücksicht und Liebe seine offensichtlichen Fehler. Er muß aber auch feststellen, daß er in seinem Leben einige wenige wirkliche und wahre Freunde gehabt hat, die ihm auch seine Fehler oder Irrtümer ins Gesicht sagten, die aber dennoch immer neben ihm gestanden und ihn nie verlassen haben. Diese echten Freunde erkennt er jetzt noch mehr an und schließt sie ein für allemal in sein Herz, in seine dankbare Seele.

Während er so an sich selbst in seinem inneren Wesen arbeitet, geschieht mit ihm in der Außenwelt etwas merkwürdiges. Früher, auf der Bewußtseinsstufe der Tarotkarte 7, wurde er allgemein bewundert; viele Menschen kamen zu ihm, um seinen Rat zu erbitten.

Viele kamen zu ihm, ihn über innere, seelische Dinge zu befragen. Viele wollten von ihm lernen. Er war damals also ein Mittelpunkt geworden und war von Suchenden umringt. Jetzt, da er mit sich selbst und auch gegenüber anderen kompromißlos geworden ist, hat sich die Zahl derer, die ihn um Rat bitten, die seinen Wahrheiten zuhören und von ihm lernen wollen, bedeutend verringert. Das Schweigen hatte er noch nicht gelernt und er wußte noch nicht, daß man unreifen Menschen nicht alle Wahrheiten ohne Vorbehalt sagen darf. So wurde er von vielen Menschen als hart, verständnislos und lieblos befunden. Anstatt weise zu schweigen, wurde er weniger nachgiebig und sagte seine Ansichten schonungslos. Diese Kompromißlosigkeit verursachte eine gewisse Entfremdung zwischen ihm und den Menschen, die ihn und die Beweggründe seiner Taten nicht restlos verstehen konnten. Je besser er das Richtige vom Unrichtigen zu unterscheiden vermochte, desto kleiner wurde die Zahl jener, die ihn bewunderten und mit ihm in allem einverstanden waren. Aus seinem ehemals großen Kreis blieben nur noch einige wenige gleichgesinnte Freunde bei ihm. Dazu kam noch, daß er in sich alles erwogen und auch seine eigenen, bisher unbemerkten Fehler erkannt und eingesehen hatte. Er wurde deshalb bescheidener und fühlte sich anderen gegenüber weniger überlegen. Viele hatten das mißverstanden und hatte seine aus der Objektivität stammende neue Bescheidenheit, die eben seine innere Größe zeigt, dazu mißbraucht, an ihm Kritik zu üben und ihn herunterzusetzen. Für ihn ist aber jetzt in seinem gegenwärtigen Bewußtseinszustand die Anerkennung durch andere Leute nicht mehr so wichtig wie bisher. Seine Eitelkeit schrumpfte so weit zusammen, daß ihm die Zufriedenheit seiner inneren Stimme, also die Stimme seines höheren Selbstes, viel wichtiger wurde, als die Anerkennung und das Lob seines ihn umringenden Kreises. So geht er weiter auf dem eingeschlagenen Weg und arbeitet weiter *in sich, an sich* selber.

Der Mensch schafft also in sich eine generelle Ordnung, versucht alles richtig abzuwägen und den wirklichen Wert seiner Erfahrungen zu erkennen. Er geht systematisch und methodisch vor und er macht aus dem Chaos, das bisher in ihm herrschte, eine göttliche Ordnung. Er registriert alles, was er bisher erlebt hat, und tut alle seine Erlebnisse nach ihrem wahren Gewicht in seinem inneren Wesen an den richtigen Platz. Er macht eine unbarmherzige Abrechnung mit allem, was er in seinem Leben bisher getan oder unterlassen hat. Und er sieht ein, daß er eben viele Dinge *hätte* tun sollen, die er nicht getan hat, und viele Dinge eben *nicht* hätte tun sollen, die er getan hat. Er wägt weiter ab: »Das habe ich richtig getan, das aber war unrichtig von mir.« In ihm wird ein stählerner Entschluß geboren: »Nächstes Mal mache ich alles viel, viel besser! Gott möge mir die Gelegenheit dazu geben!«

Die Tarotkarte 8 trägt die Zahl 8 und den Buchstaben GETH.
Die Zahl 8 ist der sich widerspiegelnde und dadurch sich verdoppelnde göttliche Kreis, das Symbol des ewigen Geistes. Wenn wir den Kreis auf einen Spiegel stellen, entsteht die Zahl 8. Der Geist, die einzige existierende absolute Wirklichkeit, spiegelt sich in der materiellen Scheinwelt. Er manifestiert sich in der stofflichen subjektiv wirklichen und deshalb vergänglichen Welt. Dieser Prozeß hat in der Schöpfung keinen Anfang und kein Ende, er ist unendlich, und deshalb haben die Mathematiker dieses Zeichen als das Symbol der Unendlichkeit gewählt. Sie zeichnen dieses Symbol liegend, damit man erkennt, daß es nicht eine gewöhnliche 8 ist. So wie die 8 in sich selbst von einem Kreis in den anderen hinüber und in derselben Richtung in die Unendlichkeit weiterläuft, so kreist der Mensch aus seinem Unbewußten in das Bewußte hinein und bringt aus seinem Unbewußten längst vergessene und möglicherweise verdrängte Erfahrungen und Erlebnisse in das Bewußtsein zurück. Er wägt die heraufgeholten Erlebnisse ab, er registriert sie und beurteilt sie, bis er in seinem inneren Wesen aus dem Chaos eine Ordnung geschaffen hat. Er erfährt, daß alles, was er scheinbar in der Außenwelt erlebt, also sein ganzes Schicksal, nicht von außen kommt, sondern in ihm

existiert. Wenn ihm sein Schicksal nicht gefällt, muß er daher sich selbst ändern, dann wird ihn das Schicksal auch solche Dinge erfahren lassen, die ihm gefallen werden.

In der griechischen Mythologie wird uns die schöne Geschichte von Narcyssos erzählt. Er erblickte sich im Spiegel des Wassers, und da er nicht wußte, daß er selbst dieses schöne Bild war, kehrte er immer wieder zum Wasser zurück, um den schönen Fremden wiedersehen zu können. So ist es mit dem Menschen und seinem Schicksal in der Außenwelt. Er weiß nicht, daß es nur eine Widerspiegelung seines Selbstes, seines Geistes ist. Also: die Zahl 8 ist die Widerspiegelung des ewigen Geistes in der Scheinwelt, in der Traumwelt, in der materiellen Welt.

Der Buchstabe GETH entspricht in der Kabbala dem 8. Sephirot: Hod bedeutet Lob und Pracht.

EREMIT

Zahl: 9

Buchstabe: 𐤈 TETH

Nachdem der Mensch in sich aus dem Chaos eine Ordnung geschaffen und alle Werte und Scheinwerte in seinem inneren Wesen auf den richtigen Platz eingeordnet hat, zieht er sich von der »Fata Morgana« dieser Welt zurück und wird ein Einsiedler. Das bedeutet aber bei weitem nicht, daß der Mensch sich auf dieser Bewußtseinsstufe tatsächlich in eine einsame Höhle zurückzieht. Das Bild zeigt nur symbolisch seinen inneren Zustand, nicht aber wie er von außen her in der Scheinwelt aussieht. Er erfüllt weiterhin seinen weltlichen Beruf und seine weltlichen Pflichten und trägt auch weiterhin die Kleider, wie sie andere Menschen tragen und benimmt sich auch so, wie seine Mitmenschen sich benehmen.

Auf dem Bild sehen wir einen Mann, der mit seinem weißen Bart und Schnurrbart zeigt, daß er mit allen Äußerlichkeiten fertig geworden ist und daß er in erster Linie die Eitelkeit vollkommen aufgegeben hat.

Der Eremit zeigt denjenigen, die ihn nur von außen betrachten, seinen dunkelfarbigen grauen Mantel, der mit der Kapuze sogar seinen Kopf bedeckt. Dieser Mantel ist aber mit einem schönen Azurblau gefüttert. Das zeigt, daß er unter dieser farblosen Manifestation, unter seiner bedeutungslosen äußeren Erscheinung, einen sehr tiefen, wahren Gottesglauben hat. Unter dem Mantel trägt er ein orangefarbiges Kleid. Orange ist die Mischung von rot und gelb, also von Geistigkeit und Klugheit, was zusammen göttliche Weisheit ist. In seinem innersten Wesen ist keine irdische Eigenschaft mehr; er ist weise geworden, und über alle Gefühle wie Sympathie oder Antipathie, über Liebe oder Abneigung, herrscht in ihm die göttliche Weisheit.

In seiner linken Hand hält er den Stab, der hier kein Zauberstab ist, womit er Wunder vollbringen könnte, auch kein Zepter, Symbol des Herrschens, auch kein Schwert, Symbol des Mutes und des Unterscheidungsvermögens, sondern ein einfacher Wanderstab, der ihm beim Vorwärtskommen hilft.

In seiner rechten Hand hält er eine einfache Laterne hoch, die nichts anderes ist als das Licht seines Verstandes, womit er auf seinem Wege in der Finsternis Licht ausstrahlt, um sich nicht zu verirren. Er hält die Laterne so, daß nur er ihr Licht sieht. Vor den Augen anderer Menschen verbirgt er die kleine Lampe mit seinem großen Mantel. Früher hat er alle neuen Einsichten und Wahrheiten, die er selbst gefunden hat, an andere suchende Menschen weitergegeben. Langsam hat er aber eingesehen, daß wenige Menschen ihn verstehen und daß es das Beste ist, wenn er seine neu entdeckten Wahrheiten für sich selbst behält. Er zeigt also das Licht seines Verstandes und seines Wissens nicht mehr anderen Leuten, sondern nur noch seinen intimen Freunden. Er hat gelernt zu *schweigen!*

Vor ihm, auf der Erde, sehen wir ein merkwürdiges Lebewesen, ein kleines Ungeheuer, das eine geistige Manifestation bedeutet, da es von roter Farbe ist. Es symbolisiert die gesunden Instinkte des Menschen, die aus seinem Unbewußten wirken und ihn über seinen Verstand mit sicherem Gefühl auf den richtigen Weg führen. Diese Instinkte verursachen in seinem Leben die merkwürdigen »Zufälle«, die ihm immer genau zeigen, in welche Richtung er sich wenden soll, zu welchem Menschen er Vertrauen und zu welchem er kein Vertrauen haben soll und mit wem er nur mit größter Vorsicht verkehren darf, wenn er schon mit zweifelhaften Menschen überhaupt verkehren muß. Dieses kleine Ungeheuer, seine gesunden Instinkte, wird ihm immer genau die geeignetsten Bücher in seine Hand geben, in welchen er die Wahrheiten findet, durch welche er Reife erlangt, und es wird ihm auch ermöglichen, durch Menschenmund die Stimme Gottes zu erfahren. Dieses kleine Ungeheuer befreit ihn von vielem unnötigen Herumirren und führt ihn mit sicheren Schritten näher und immer näher zum großen Ziel. Eines Tages erkennt er in diesem Ungeheuer, in seinen eigenen Instinkten, auch *sich selbst.*

Wenn der Mensch sich so weit entwickelt hat, daß er auf diese Bewußtseinsstufe gelangt ist, bekommt er plötzlich den Drang alles hierzulassen und wegzugehen. Er hat eingesehen, daß die Angelegenheiten dieser Welt nur dazu gut sind, etwas daraus zu lernen. Wenn er aber schon so weit gekommen ist, daß er weiß, was das Ziel ist, wohin wir gelangen müssen, warum soll er dann in der Welt dennoch alles mitmachen? – Die Arbeit in seinem Beruf bereitet ihm keine Befriedigung mehr, ja er findet sie plötzlich unnütz und überflüssig. Wozu weitermachen? – Der Mensch weiß schon, daß Familienbindungen und die Bindungen zu den Verwandten und Freunden vergänglich sind und nur so lange dauern, als man auf Erden weilt. Wenn wir einmal alles Irdische hier lassen, nehmen wir nur das mit, was ewig ist. Alles vergeht, nur eines bleibt: die wahre geistige Zusammengehörigkeit und Liebe. Die kann der Mensch aber auch dann mit sich nehmen, wenn er noch in seinem irdischen Leben alles zurückläßt und weggeht. Er findet hier alles lästig, er will keine Zeit mehr vergeuden, er möchte nur für die Essenz des Lebens leben und nur noch in sich und an sich selbst arbeiten, um die Einheit mit GOTT erleben zu können. Er möchte also weggehen! – Ja! Aber wohin? – Nach Tibet, – oder jetzt, da Tibet für diesen Zweck nicht mehr in Frage kommen kann, nach Indien, oder nach Athos, dem legendären Kloster in Griechenland? In seinem Inneren entsteht eine unwiderstehliche Sehnsucht, frei, ganz frei zu werden von allem, was ihn noch bindet und versklavt. Und er fängt in sich schon an Pläne zu machen. Er versucht sich vorzustellen, wie es sein wird, wenn er weggeht, – ja, weggeht von hier und ankommt – aber wo? – Es ist so leicht sich vorzustellen, daß man *weggeht,* aber das bedeutet gleichzeitig, daß man irgendwo auch *ankommen muß!* Und wo wird das sein, wo wird er ankommen und wie? In einem Kloster? – wird er dort frei sein können? – Nein! Dort muß er erst wirklich und blindlings gehorchen und noch dazu einem oder mehreren Menschen, die zu einer anderen Welt gehören, die für ihn wildfremd sind und ihn überhaupt nicht verstehen können. Er muß zusammen sein mit solchen Menschen, die ihm unsympathisch sind und vielleicht furchtbar unangenehme Gewohnheiten haben. Und er muß schweigen und gehorchen, ob es ihm gefällt oder nicht.

Oder wenn er nicht in ein Kloster geht, sondern sich benimmt wie die Inder, die herumwandern oder sich in eine Höhle zurückziehen. – Was dann? – Was wird er essen, denn essen muß man ja dennoch. Betteln gehen? Nein, das nicht! Aber er könnte vielleicht irgendwo arbeiten, sich nützlich machen, eventuell bei den Leprakranken? Ja, er könnte das, und es sind auch viele, die das versuchen, aber es sind noch viele mehr, die schon im voraus wissen, was er jetzt auch schon weiß, daß er dann dort draußen, in Asien, noch viel mehr versklavt sein wird. Er könnte dann noch weniger dafür leben, wofür er leben möchte, als wenn er ganz einfach daheimbleibt, wo der Milchmann jeden Tag die Milch bringt und die Wohnung mit der Zentralheizung gut durchgewärmt ist. Und wenn er noch dazu Familie und Kinder hat und dennoch weggeht, dann wird er sich solche Schuld gegenüber diesen geliebten Menschen aufladen, daß er sich selbst das nie verzeihen könnte. Wie könnte er sich dann frei fühlen? – Es wird also das Allerbeste sein, wenn er schön zu Hause bleibt und anstatt Leprakranke zu pflegen, mit derselben Einstellung, wie wenn er Leprakranke pflegen müßte, aufopfernd, mit voller Aufmerksamkeit und großer Liebe seine eigenen Pflichten an seinem Arbeitsplatz weiter erfüllt. Und so gelangt der Mensch zu der Wahrheit, daß dieses »Weggehen«, das er wollte, nicht in der Außenwelt geschehen soll, sondern in sich selbst. Er will und muß weglaufen und weggehen von sich selbst, von seiner eigenen Person, vor seiner eigenen inneren Einstellung und vor seiner inneren Versklavung. Er ist nicht von anderen Menschen versklavt, sondern von sich selbst. Denn wenn er sich hier versklavt fühlt, wird er dieses Gefühl der Versklavung überallhin mitnehmen, wo er auch hingeht. Wenn er sich aber inmitten seiner Arbeit und seiner Familie frei fühlt, dann wird er diese Freiheit auch überallhin mit sich nehmen. Aber warum dann weggehen? – Er weiß, daß es viele waren, die dieses »Weggehen« tatsächlich durchgeführt haben, die wirklich in Tibet oder in Indien in einem Kloster oder bei einem großen Meister gelebt haben. Diese Menschen haben aber dort dieselben Wahrheiten gefunden, die sie hier, in ihrer jetzigen Umgebung genau so finden können, wenn sie dazu reif sind. Gott führt die Menschen auf verschiedene Wege, aber auf jedem dieser Wege gelangen sie genau zu demselben großen Ziel, wohin auch alle anderen auf ihrem eigenen individuellen Weg gelangen: zu GOTT!

Das Schicksal eines solchen Menschen ist es also, noch nicht von allem wegzugehen. So bleibt er weiter dort, wo er bisher war, und versucht *in sich selbst* sich von seiner eigenen Umgebung und von seiner persönlichen Welt zu lösen und sich *innerlich* zu befreien.

Und die Kleidung? – Oh! Wie er sich danach gesehnt hat, von der Mode, von allen unnützen Äußerlichkeiten frei zu sein! Denn er sieht ein, daß es ganz gleich ist, was man trägt. Man kann genauso ein Einsiedler sein, wenn man die gleichen Kleider trägt wie die anderen Menschen. In einem Kloster muß man auch die vorgeschriebenen Kleider tragen wie die anderen Mönche – also auch was »Mode« ist! Und die Inder, die nicht in einem Kloster leben? – Man kann eben von allen diesen Dingen frei sein, ob man europäische Kleidung trägt oder ob man in Fetzen gekleidet auf der Landstraße Indiens herumwandert, wenn man davon innerlich frei ist. Wenn zum Beispiel eine junge Frau in ihrem inneren Wesen eine *wahre* Nonne ist, kann sie in einem Abendkleid mit tiefem Dekolleté sogar Bälle besuchen und ist dennoch eine wahre Einsiedlerin, weil sie *in sich so* ist. Und ebenso kann ein Mann nach der Mode elegant angezogen sein, fröhlich mit den Menschen zusammen lachen und dennoch *in sich* ein wahrer Mönch sein.

Auf dieser Bewußtseinsstufe zieht sich der Mensch also in sich zurück, arbeitet an sich weiter und versucht sich von allem zu lösen und zu befreien. Er gibt die Wichtigkeit seiner Person auf, er gibt seinen Ehrgeiz auf und will nicht mehr in der Außenwelt auffallen oder Karriere machen oder er macht wenigstens daraus keinerlei Selbstzweck mehr. Als Mann oder Frau versucht er seine Arbeit so zu erfüllen, wie er sie dort hätte erfüllen müssen, wohin er in seiner Phantasie gehen wollte. Er arbeitet nicht mehr für sich, sondern er erledigt die Arbeit *um der Arbeit willen.* Und er erlebt währenddessen ungeahnte und unerhoffte neue Freuden. Die Arbeit fängt an, ihm zum Selbstzweck zu werden. Er arbeitet nicht mehr um Erfolg und Lob oder um mit seiner Arbeit viel zu verdienen, sondern er arbeitet, um die Arbeit so vollkommen wie möglich zu tun. Währenddessen vergißt er sich selbst und alle seine Sorgen vollkommen; er vergißt in voller Konzentration auf die Arbeit alle Enttäuschungen seines Lebens und alles, was ihm bisher immer noch weh getan hat. Er entdeckt, daß er durch nichts anderes als nur durch die Arbeit frei geworden ist und er erlebt ganz große unpersönliche Freuden. Jetzt versteht er, warum die Mönche und die Nonnen im Kloster sowohl in Asien als auch hier in Europa arbeiten müssen. Im Garten, in der Küche oder in der Bibliothek oder wo immer es sei, sie müssen um der Arbeit willen arbeiten, um durch die Arbeit frei zu werden. Das kann man aber auch zu Hause tun, man braucht die Familie und die Freunde deshalb nicht zu verlassen.

Die Tarotkarte 9 trägt die Zahl 9 und den Buchstaben TETH.
Die Zahl 9 bedeutet zahlenmystisch die absolute Passivität. So ist ein Einsiedler auch in sich absolut passiv. Er ist vollkommen unper-

sönlich geworden und nimmt an weltlichen Dingen nicht teil. Wenn der Mensch auf dieser Bewußtseinsstufe seine weltlichen Pflichten erfüllt, tut er es nur aus unpersönlichen Gründen.

Die Zahl 9 hat mehrere merkwürdige Eigenschaften. Wenn wir sie zum Beispiel mit einer anderen Zahl addieren, sei diese Zahl klein oder groß, wird sich die Quersumme dadurch nicht ändern. Nehmen wir zum Beispiel zuerst die kleine Zahl 17. Die Quersumme dieser Zahl ist 8. Wenn wir zur Zahl 17 jetzt 9 dazutun, gibt es 26. Die Quersumme ist wieder 8. Nehmen wir jetzt die größere Zahl 435. Die Quersumme ist 12, durch zahlenmystische Reduktion 3. Wenn wir zu 435 jetzt 9 dazutun, ist das Resultat 444. Die Quersumme ist wieder 3. Wenn wir zu jeder beliebigen Zahl die Zahl 9 dazufügen, bleibt die Quersumme immer dieselbe. Auch eine andere merkwürdige Eigenschaft offenbart die Zahl 9, wenn wir die folgende Manipulation machen: schreiben wir die Zahlen von 0 bis 9 untereinander. Dann schreiben wir die gleiche Zahlenreihe von unten nach oben und stellen die beiden Reihen nebeneinander:

0	9	09
1	8	18
2	7	27
3	6	36
4	5	45
5	4	54
6	3	63
7	2	72
8	1	81
9	0	90

Was haben wir bekommen? Das Resultat der Multiplikation der Zahl 9 mit eins bis zehn. Und wenn wir diese Zahlen addieren, bekommen wir immer als Quersumme die Zahl 9:

$$\text{Also:} \quad 1 \times 9 = 9 = 9$$
$$2 \times 9 = 18 = 9$$
$$3 \times 9 = 27 = 9$$
$$4 \times 9 = 36 = 9$$
$$5 \times 9 = 45 = 9$$
$$6 \times 9 = 54 = 9$$
$$7 \times 9 = 63 = 9$$
$$8 \times 9 = 72 = 9$$
$$9 \times 9 = 81 = 9$$
$$10 \times 9 = 90 = 9$$

Und noch eine sehr interessante Eigenschaft der Zahl 9: Schreiben wir die Zahlenreihe untereinander, so daß wir mit der Zahl 1 anfangen und bei jeder Reihe mit einer Zahl weiterschreiben. Wenn wir diese Zahlen mit 9 multiplizieren und wieder die sich steigernden Zahlen dazuzählen, bekommen wir folgende merkwürdigen Resultate:

$$0 \times 9 + 1 = 1$$
$$1 \times 9 + 2 = 11$$
$$12 \times 9 + 3 = 111$$
$$123 \times 9 + 4 = 1111$$
$$1234 \times 9 + 5 = 11111$$
$$12345 \times 9 + 6 = 111111$$
$$123456 \times 9 + 7 = 1111111$$
$$1234567 \times 9 + 8 = 11111111$$
$$12345678 \times 9 + 9 = 111111111$$
$$123456789 \times 9 + 10 = 1111111111$$

Ich könnte noch einige sehr interessante Eigenschaften der Zahl 9 erwähnen, aber das würde von unserem Thema wegführen. Ich wollte nur zeigen, daß die Zahl 9 eine außergewöhnlich interessante und bedeutungsvolle Zahl ist. Sie vernichtet sich selbst und bleibt trotzdem bestehen. Dies entspricht vollkommen der Bewußtseinsstufe des »Einsiedlers« mit ihrer Selbstvernichtung und gleichzeitigen Standhaftigkeit, weil sie immer sie selbst bleibt. Wer diese merkwürdigen Eigenschaften der Zahl 9 selbstverständlich findet, dem gebe ich den Rat, diese Experimente mit einer anderen Zahl zu versuchen. Er wird dann sehen, welch großer Unterschied zwischen den Zahlen besteht.

Der Buchstabe TETH stellt hieroglyphisch die Idee von Schutz und Sicherheit dar. TETH bezeichnet die Schutzengel, welche die Menschen von ihrer Geburt an leiten. Der zugehörige 9. Sephirot ist Jesod, welcher das Fundament, die Weisheit, bedeutet.

SCHICKSALSRAD

Zahl: 10

Buchstabe: ⁾ Jod

Auf diesem Bild sehen wir ein merkwürdiges Rad in einem kleinen Boot auf den Wellen eines Wassers schwimmen. Das Boot besteht aus zwei Halbmonden, aus einem positiv-roten und aus einem negativ-grünen. Im Boot steht eine starke graue Stange, die unten von zwei Schlangen, von einer positiv-roten und von einer negativ-grünen umkreist wird. Am oberen Ende der Stange ist ein großes Rad befestigt. Dort wo das Rad auf der Stange befestigt ist, also an der Achse des Rades, ist ein Griff. Daraus ist zu ersehen, daß das Rad gedreht wird. Das Rad besteht aus zwei Kreisen, aus einem äußeren und einem inneren. Der äußere größere Kreis ist rot, der innere kleinere blau. Der rote Kreis bedeutet Geistigkeit, der blaue tiefen Gottesglauben. Die Speichen des Rades sind gelb, die zwei Räder werden also durch Intelligenz und Verstandeskräfte gehalten.

Auf dem Rad befinden sich zwei sonderbare Lebewesen. Eines sieht aus wie ein Tier, wie ein Hund mit einem menschlichen Körper. Sein Kopf und seine lange Mähne sind gelb, sein Körper ist blau. Es trägt noch eine gelbe Schärpe am Unterleib, deren loser Teil frei von ihm wegflattert. In der Hand trägt es den »Hermesstab«.

Das andere Lebewesen am Rad ist ein Teufel mit einer Neptungabel in der Hand. Statt der Füße hat er Fischflossen wie ein Tritone.

Dies zeigt, daß er mit dem Element »Wasser« zu tun hat. Sein Kopf ist undefinierbar dunkel, sein Körper grün gefärbt. Er trägt ebenfalls eine Schärpe am Unterleib, ebenso dunkel und mißfarbig wie sein Kopf, und der lose Teil der Schärpe fliegt wieder frei von ihm weg. An diesem losen Teil der Schärpe sehen wir, daß das Rad von einem unsichtbaren Etwas linksherum gedreht wird.

Über dem Rad auf einem gelben Brett sitzt eine Sphinx. In ihr sind alle vier Elemente vertreten. Ihr Kopf ist rot und auch ihr Kopftuch ist rot und weiß gestreift. Der Kopf gehört also zum Element »Feuer«. Die blaue Farbe ihrer Flügel bedeutet das Element »Luft«. Ihr Körper ist ein Löwenleib, dessen Oberkörper grün ist und zum Element »Wasser« gehört; der Unterleib ist braun und gehört zum Element »Erde«. Die Schwanzspitze ist rot wie der Kopf, also wieder feurig. Die Sphinx hat Löwentatzen; in ihrer rechten vorderen Tatze hält sie ein kurzes Schwert.

Was soll dieses merkwürdige Bild bedeuten?

Es zeigt den menschlichen Bewußtseinszustand, welcher der neunten Bewußtseinsstufe folgt, die das Bild »Einsiedler« symbolisierte, auf welchem der Mensch sich in seinem innersten Wesen von der »Welt« zurückzieht, sich von allem Persönlichen löst. Er macht sein Schicksal nur noch nach außen mit, innerlich ist er überlegen und frei geworden. Mit großem Kampf hat er sich nicht nur von der »Welt«, sondern auch von seinem ganzen Schicksal losgelöst. Er weiß jetzt, daß er seinen Problemen, die er lösen muß, nicht davonlaufen kann, weil sie mit ihm gehen. Er hätte die Probleme mitgenommen und auch neue dazubekommen, die immer dieselbe Lösung von ihm verlangt hätten. Jetzt ist er soweit, daß alle seine schicksalhaften Probleme wie ein verbrauchtes Kleid von ihm heruntergefallen sind. Die Lösung seines äußeren irdischen Schicksals war also nicht, daß er seine Familie und seine Arbeit verläßt, sondern daß er daran lernt und Erfahrungen sammelt. Er mußte also mit allen Umständen des Lebens, von welchen er sich so gerne befreit hätte, fertig werden. Wenn der Mensch gelernt hat, was er lernen mußte, wird er neue, noch höhere Arbeit und höhere Probleme zu lösen haben, auf daß er aus diesen wieder neue Wahrheiten kennenlernt und neue Erfahrungen gewinnt. Jetzt will er aus seiner momentanen Lage, von seiner gegenwärtigen Arbeit und Pflicht nicht mehr weglaufen, sondern so viel als möglich daraus lernen. Er sucht bewußt, was er aus allen diesen Umständen noch lernen und welchen seelischen und geistigen Nutzen er noch daraus ziehen kann. Dabei bemerkt er nicht, daß sich um ihn herum eine allmähliche Änderung vollzieht, weil diese Änderung zunächst nicht von außen her, sondern in ihm geschieht. Er *reagiert* auf alles, was mit ihm geschieht, anders wie bisher. In seiner inneren Welt ist er ein wahrer *Einsiedler*.

In der Außenwelt bemerkt davon niemand etwas. Es ist alles beim alten geblieben, das Schicksal läuft weiter wie bisher. Der Unterschied liegt vorläufig darin, daß der Mensch anfängt, alle Dinge, sein ganzes irdisches Leben von oben nach unten zu betrachten, wie die Sphinx alles von oben betrachtet. Er löst sich innerlich weiter von allem, was ihn bisher gebunden hat, und läßt seine Person wie ein Ausführungswerkzeug handeln, ohne daß er selbst davon berührt wird. Er nimmt die Lösungen seiner Probleme nur verstandesmäßig wahr, nimmt nicht mehr mit Herz und Seele daran teil. Er betrachtet alle seine Angelegenheiten, als ob sie einer dritten Person gehören würden. Er bleibt überlegen, wie die sein höheres Selbst symbolisierende Sphinx auf dem Bild über dem Schicksalsrad, die unbeteiligt zuschaut was geschieht. Sie hält das Schwert in der »Tatze«, um zuzuschlagen und ihren Willen durchzusetzen, wenn etwas gegen ihren Willen geschehen sollte.

In diesem Bewußtseinszustand schwimmt der Mensch nicht mehr selbst im Ozean des Lebens, er läßt sich in einem Boot auf den Wellen weiterbewegen. Dieses Boot besteht auf dem Bilde aus zwei Halbmonden. Der Mond bedeutet, wie auf dem Bild der Himmelskönigin, das Gemüt des Menschen. Sein Gemüt ist aber schon geistig, liebe- und verständnisvoll geworden. Das zeigt die rote und blaue Farbe der Halbmonde. Der rote und blaue Kreis bedeutet auch, daß er in seinem Schicksal zuerst alles vom geistigem und erst nachher vom Standpunkt seiner Gefühle aus beurteilt. Die gelben Speichen bedeuten die Intelligenzkräfte, die in seinem jetzigen Zustand die Hauptrolle spielen.

Der aufrechtstehende Stab am Schicksalsrad und die zwei ihn umkreisenden Schlangen sind nichts anderes als ein erweiterter Hermesstab, das Symbol des Menschen, das noch vom großen chaldäischen Mystiker Hermes Trismegistos stammt. Der Hermesstab, wie er auf dem Bild in der Hand des Tierwesens sichtbar ist, hat oben zwei Flügel und endet in einer kleinen Kugel. Der Stab symbolisiert das Rückgrat des Menschen, die Kugel seine Vernunft und die zwei Flügel seinen hoch oben schwebenden Geist. Zwei Schlangen umkreisen diesen Stab. Sie kreuzen einander mehrmals, sie betrachten sich gegenseitig und halten sich in Schach. Dies bedeutet, daß zwischen ihnen eine Spannung besteht. Die Schlangen symbolisieren die zwei großen Lebensströme im Menschen. Die indische Vedantaphilosophie nennt sie die zwei Hauptlebenskanäle: Ida- und Pingala Nadi. Die Pingala, das ist die rote Schlange, verläuft an der rechten und die Ida, das ist die grüne Schlange, an der linken Seite des Rückgrates. Der mittlere Kanal im Rückgrat heißt Sushumna Nadi. Das Rad auf dem Bild bedeutet das Schicksal des Menschen, das er sich selbst aufgebaut hat und das um sein Selbst rotiert, wie die Planeten um die Sonne. Seine zwei großen Triebe kreisen mit seiner irdisch-materiellen Person. Es sind dies der Selbsterhaltungs- und der Arterhaltungstrieb, über welche er noch nicht volle Herrschaft hat. Der Selbsterhaltungstrieb ist auf dem Bild mit einem Tier symbolisiert, da er das »Tier in uns« ist, wie Paracelsus es nannte. Dieses beherrscht den irdischen Körper des Menschen und damit auch seine körperliche Gesundheit. Darum hält das Tierwesen den Hermesstab mit den drei Lebensströmen in der Hand. Dieser Trieb regiert den Körper von innen und gibt dem Menschen die Fähigkeit und den Drang, seinen Körper gesund zu erhalten, zu essen und zu trinken und zu tun, was seiner Gesundheit dient. Wenigstens bei den *gesun-*

den Menschen ist es so, wenn sie ihre gesunden Instinkte noch nicht mit verschiedenen Süchten verdorben haben.

Der Arterhaltungstrieb ist auf dem Bild durch einen Teufel symbolisiert, der mit den Körpersäften arbeitet, die das Leben weiterleiten. Dieser Teufel symbolisiert hier den unbewußten sexuellen, rein tierischen Trieb des Menschen, der mit der Liebe nichts zu tun hat.

Diese zwei Triebe wirken nur im Körper, in der irdischen Person des Menschen, nicht aber in seinem Geiste; sie sind eben die körperliche Manifestation des Geistes. An zwei Orten kann nicht dasselbe sein. Die göttlich-schöpferische Kraft offenbart sich entweder im Geiste als schöpferische Kraft oder im Körper als sexuelle Kraft. Auf dieser Bewußtseinsstufe ist der Mensch im Geiste schon bewußt, die zwei Triebe aber hat er noch nicht umwandeln können. Dennoch steht er mit seiner Vernunft schon über den Trieben, wie die Sphinx auf dem Bild über allem steht und von oben bestimmt, was im Körper, in der eigenen Person, geschehen soll. Der Mensch regiert schon in seinem Reich. Wie die Upanischaden so treffend sagen:

> »Der in der Erde wohnt,
> und doch von der Erde verschieden ist,
> den die Erde nicht kennt,
> dessen Leib die Erde ist,
> der die Erde innerlich regiert,
> DER ist dein SELBST, dein innerer Lenker,
> dein UNSTERBLICHES!«

Erde bedeutet hier, wie auch in der Bibel, den Körper, die aus irdischen Kräften zusammengesetzte Person. Sie kennt den Geist, das Selbst, das Unsterbliche nicht, – der Geist, das Selbst, das Unsterbliche, kennt aber das Sterbliche, die Person, – und regiert sie von innen her, aus dem Unbewußten des Menschen.

Diese Karte trägt die Zahl 10 und den Buchstaben JOD. (In unserem Alphabet I)

Die Zahl 10 ist die Zahl der Erfüllung, die Vollendung der Schöpfung. Der grenzenlose Kreis, die Null, die aber gleichzeitig den Buchstaben O bildet, symbolisiert das Weltall, den grenzenlosen Raum, den Mutteraspekt Gottes. Sie ist an sich das absolute Nichts, das aber bereit ist, alles zu gebären und wieder alles in sich zurückzunehmen und zu absorbieren. Die Null wird erst dann eine Zahl, wenn eine der anderen neun Zahlen ihr vorangestellt wird. Die Zahl Eins und der Buchstabe JOD (unser I) sind miteinander identisch. Sie sind die erste Uroffenbarung Gottes. Alle weiteren Zahlen und alle weiteren Buchstaben stammen aus dieser Uroffenbarung. Es ist die befruchtende Kraft Gottes, Logos, das schöpferische Prinzip, das in der großen und grenzenlosen Null, im unendlichen Raum, zahllose Welten und Lebewesen schafft. In der Zahl 10 ist die Schöpfung vollendet und erfüllt. Das männlich-positive, schöpferische Prinzip Gottes hat den Raum, den negativen Mutteraspekt, durchdrungen, befruchtet, und ist mit ihm eins geworden.

Die Zahl 10 ist in ihrer richtigen Darstellung ein Kreis, mit der befruchtenden, positiv-schöpferischen Kraft Gottes in sich:

Das Bild des Schicksalsrades stellt die Zahl 10 ebenfalls dar. Das Rad ist die Null, und die Stange, die das Rad hält, ist die Zahl 1. Diese Zahl 1 aber ist identisch mit dem Buchstaben JOD oder I.

In der hebräischen und auch in allen Alphabeten der Welt stammen alle anderen Buchstaben aus dem einen einzigen Jod oder I. Die hebräische Schrift ist eine Flammenschrift. Jeder Buchstabe ist die Kombination von Flammen. Jod ist die allererste Flamme des göttlichen Feuers, des Geistes Gottes. Alle anderen Flammenbildungen – die Buchstaben – kommen aus dieser ersten Flamme. Wie die Zahl 1 die Urzahl ist, aus welcher alle anderen Zahlen herausquellen, so ist der Buchstabe Jod der Urbuchstabe, die erste Flamme aus dem Geiste Gottes, aus welcher alle anderen Buchstaben stammen und gebildet werden. Auf der Bewußtseinsstufe des Schicksalsrades muß der Mensch bis zu seinem tiefsten Wesen, bis zur Wesenswurzel dringen, von wo aus er dann mit einer neuen Einstellung eine neue Richtung finden und einen neuen Weg einschlagen muß. Wie auf der Tarotkarte 1 der »Magier« mit der Zahl Eins und mit dem Buchstaben Aleph der Anfang war, so wird er jetzt auf der Stufe des Schicksalsrades, auf der die Zahl Eins mit der grenzenlosen Null verknüpft ist, wieder der Anfang auf einer höheren Ebene sein. Von nun an wird er nicht mehr in Einzelzahlen, sondern immer mit der das All symbolisierenden Null gepaart, in Dekaden weitergehen. Er ist nicht mehr ein isoliertes persönliches Wesen, sondern er fängt an, ein Teil des Alls – deshalb die Null – zu werden.

Die 10. Sephirot ist Malkuth und bedeutet Reich. Mit dieser Tarotkarte ist die Reihe der Sephirot beendet.

Die Tarotkarte 10 ergänzt die Tarotkarte 9. Die beiden geben die Zahl 19, die mit der kabbalistischen Reduktion wieder zur Zahl 1 führt: $10 + 9 = 19$, $1 + 9 = 10 = 1$.

1 LE BATELEVR Ⅺ

2 **LA PAPESSE**

3   L'IMPÉRATRICE   1

4 L'EMPEREVR 7

5 LE PAPE **ה**

G · L'AMOVREVX · I

7   LE CHARIOT   ⚡

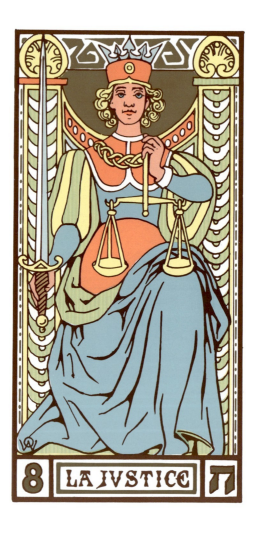

8 LA IVSTICE 🜨

L'ERMITE

10 **LA ROVE DE FORTVNE**

11 **LA FORCE**

12 LE PENDV

14 LA TEMPERANCE

15 LE DIABLE

16 LA·MAISON·DIEV **Y**

17 **LES ETOILES**

18 LA LVNE

19 LE SOLEIL

20   **LE IVGEMENT**

LE FOV

21 LE MONDE

Die 22 Tarotkarten der großen Arcana
können beim Verlag oder im gut sortierten
Buchhandel als Karten-Set bezogen werden.

(Preis bitte erfragen)

DIE KRAFT

Zahlenwert: 20

Buchstabe: ⊃ Caph

Wieder sehen wir unsere Himmelskönigin mit ihren blonden Haaren und mit ihrer goldenen Krone. Jetzt trägt sie aber eine Krone mit fünf Zacken. Die fünf Zacken symbolisieren die schöpferische Logoszahl. Unter der Krone trägt sie noch einen Hut, der, wie der Hut des Magiers, eigentlich das Zeichen für Unendlichkeit ist. Das zeigt wieder, daß DIE KRAFT der schönen Frau unendlich ist, sich von der Unendlichkeit ernährt. Die rechte Seite des Hutes ist als Zeichen des Sieges reich mit goldenen Lorbeerblättern gefüttert. Die Krämpe des Hutes hat rechts einen roten Saum, der oben bis an die linke Seite hinüberreicht. Der Saum an der inneren linken Seite ist grün.

Die gelbe Farbe der Krone und auch die gelbe Farbe der inneren Seite des Hutes zeigen, daß dieses weibliche Wesen sich durch ihre Intelligenz, durch ihre Vernunft manifestiert. Auch ihre Unterarme sind gelb, sie handelt also auch weise, aber verbunden mit Wohlwollen und Verständnis. Ihr Wohlwollen zeigt die grüne Farbe der weiten Oberärmel und der zwei Manschetten. Am Körper trägt sie ein himmelblaues Kleid mit einem roten Gürtel, der das Kleid zusammenhält und darüber einen weiten roten Mantel. Das himmelblaue Kleid ist Symbol des reinen Gottesglauben und des Gottesvertrauens. Der Glaube und die Gefühle werden aber vom Geiste überwacht und regiert. Der große rote Mantel, der von den Schultern der schönen Frau bis zur Erde ganz lose und offen herunterhängt, symbolisiert den immer bereitstehenden wachen Geist, der das ganze Wesen dieser Frau umhüllt und bedeckt, damit niemand ihr zartes, weiches und liebevolles inneres Wesen sieht und vielleicht unnötig ausnützt.

Neben ihr steht ein mächtiger Löwe mit riesen Tatzen. Sein Maul ist weit offen, weil die schöne Frau mit ihren weichen weiblichen Händen das Maul des Löwen aufspreizt und offenhält. Der Löwe hat mächtige Zähne im Maul, er kann aber dennoch die Hände der Frau nicht beißen, weil sie sein Maul unwiderstehlich offenhält. Die Frau strengt sich dabei überhaupt nicht an. Sie hat so viel Kraft, daß sie den mächtigen und kräftigen Löwen spielend und ohne Anstrengung in ihrer Macht hält.

Welche Kraft ist es, die noch viel größer ist als die Kraft des stärksten Tieres, des Löwen?

Diese Kraft, die stärkste Kraft der Welt, ist die alles überwältigende, alles besiegende Kraft der LIEBE.

*

Der Mensch, der auf der zehnten Bewußtseinsstufe des Schicksalsrades mit seinem Schicksal gekämpft hat, um endlich überlegen wie die Sphinx zu werden, hat in diesem Kampf sehr viel gelernt. Auch viele solche Dinge, die mit seinem Schicksal eigentlich gar nicht in unmittelbarer Verbindung standen. Aber ohne diese Erfahrungen wäre er nie mit seinem Schicksal fertig geworden. Er mußte lernen, seinen Mitmenschen gegenüber vollkommen objektiv zu sein, objektiv zu denken und zu fühlen, sonst hätte er seine persönlichen Probleme, ja nicht einmal die Probleme des alltäglichen Lebens lösen können. Aber wie hätte er sich plötzlich auf einen objektiven Standpunkt stellen können? – Dazu konnte ihn nur eine einzige, aber sehr wirksame Methode führen. Er mußte lernen, sich selbst mit dem Menschen, dem er gerade gegenüberstand, in seiner inneren Vorstellung *auszutauschen* und sich damit den Standpunkt dieses gegenüberstehenden Menschen anzueignen und anzunehmen. Und plötzlich ist ihm die ganze Angelegenheit in einer ganz anderen Beleuchtung erschienen. Die Folge davon war, daß er sich nicht mehr darüber aufgeregt und sich nicht mehr darüber geärgert hat. Er hat ruhig und OBJEKTIV das ganze Problem durchdacht und die Lösung bald gefunden.

Zuerst hat er die Methode des »Sich-selbst-Austauschens« mit dem Verstand gemacht. Wenn etwas passierte, was ihn geärgert hat, nahm er bewußt einen tiefen Atemzug und dachte etwa so: »Nur Ruuuhe, nur keine Aufregung! Versuchen wir uns mit dem Menschen auszutauschen, dessen Standpunkt ich im Augenblick noch nicht annehmen kann, dann werden wir sehen, wo die Wahrheit liegt, wer von uns beiden Recht hat.« Und dann hat er sich wirklich, in seiner Vorstellung, ganz bewußt »ausgetauscht«. Und siehe, die Objektivität war sofort da, er konnte die betreffende Angelegenheit von einem objektiven Standpunkt aus betrachten und durchdenken und die ganze Sache zur allgemeinen Zufriedenheit erledigen. Dann kam die Zeit, in welcher er die verstandesmäßige Einstellung allmählich nicht mehr brauchte. Er mußte nicht mehr tief einatmen, um seine ständig auf Ärgernisse eingestellten und zur Aufregung immer bereiten Nerven zu beruhigen. Die Nerven haben sich die von seinem Verstande befohlene Ruhe sehr rasch angeeignet. Und wenn wieder eine Situation kam, in der er sich mit dem anderen »austauschen« mußte, hatte er mit seiner Methode gleich Erfolg. Er brauchte sich nicht mehr zuerst zu beruhigen und dann objektiv zu werden, sondern er konnte die Ruhe von Anfang an bewahren und sofort die Sache friedlich in die Hand nehmen. Die Folge davon war daß seine ganze Umgebung ihn wegen seiner unwiderstehlichen Ruhe bewunderte und seine Ruhe übernahm. Die Menschen kamen wieder zu ihm, um in den verschiedensten Dingen seinen Rat zu erbitten. Er hat aber das Schweigen schon auf der Stufe des »Einsiedlers« gelernt. Seine hohen inneren Wahrheiten gibt er also unreifen Menschen nicht mehr preis. Auch achtet er darauf, daß er, wie es in der Bibel steht, »seine Perlen nicht mehr vor die Säue wirft«, sondern er hat, wie der Apostel Paulus sagt, »mit verschiedenen Zungen sprechen gelernt«. Er wünscht nicht mehr, daß die Menschen *ihn* verstehen, sondern *er* beginnt die Menschen zu verstehen. Er versucht mit der Zunge der anderen zu sprechen. Und plötzlich bemerkt er, daß ihn die Menschen zu interessieren beginnen, wie sie leben, wie sie ihr Schicksal aufbauen und weiterführen. Sich für etwas interessieren bedeutet aber schon, daß man dieses »Etwas« zu lieben anfängt. Dies ist aber nicht durch seinen Willen geschehen. Es ist von selbst gekommen, er mußte eben einsehen, daß die Liebe von unserem Willen unabhängig ist. Entweder lieben wir oder wir lieben nicht. Es hängt nicht von uns ab. Und eines Tages, ob er wollte oder nicht, hat er die Menschen lieb gewonnen. Am Anfang hat er es noch auf inneren Drang hin getan und gehandelt, »als ob« er aus Liebe handeln würde. Allmählich aber, als sein Verständnis für die Menschen immer stärker wurde, mußte er nicht mehr so tun, »als ob« er aus Liebe handeln würde, sondern die Liebe und das Interesse waren wirklich da. Das Merkwürdige ist, daß er nun in jedem Menschen sich selbst erkennt, auch im primitivsten auf der niedrigsten Stufe stehenden Menschen. Er weiß jetzt schon ganz bewußt, daß er selbst auch einmal so primitiv, so niedrigstehend war. In den Kämpfen der Menschen hat er seine eigenen anfänglichen Kämpfe erkannt und Mitgefühl und Verständnis für seine Mitmenschen haben ihn überwältigt. Durch die anderen Menschen hat er auch an Selbsterkenntnis gewonnen. Jeder Mensch war wie er selbst, jeder war sein eigenes Spiegelbild, oft sogar seine Karikatur, aber dennoch im wesentlichen er selbst. Die Liebe ist der innere Drang nach Einheit, und er fing an die Menschen, die Tiere, die Pflanzen, das ganze Weltall zu lieben. Er fühlte sich eins mit allem Lebendigen. Diese Liebe hat nichts zu tun mit der niedrigen Stufe der Liebe, der Sexualität. Sie ist nur im Herzen und stammt aus einer geistigen Einheit. Diese Liebe ist die größte Kraft der Welt. Die Liebe ist das Leben, die Liebe ist das SEIN. Und das ewige SEIN ist GOTT.

Wer wahre Liebe in sich trägt, braucht nicht ständig ein Lächeln auf dem Gesicht zu tragen. Liebe ist keine Sentimentalität und auch keine Sache für die Rolle des »Sich-gut-Fühlens«. Liebe braucht nie demonstriert zu werden. Wer die wirkliche Liebe in sich trägt, wird sie mit Taten beweisen, aber er wird sie nie beweisen *wollen*. Die Liebe muß als innerer Beweggrund seiner Taten einfach DA sein. Die Sonne braucht auch nicht Licht und Wärme ausstrahlen zu *wollen*, sondern sie strahlt Licht und Wärme ganz einfach aus. So strahlt der Mensch, der die elfte Bewußtseinsstufe erreicht hat, Liebe und Wärme aus und besiegt damit alle Lebewesen, die ganze Welt. Ja, sogar den König der Tiere, den mächtigen Löwen! Jeder Mensch kennt diesen Löwen aus seinen Träumen. Wie in den Träumen symbolisiert hier auf dem Bilde der Löwe die mächtigen Kräfte des Körpers und die zwei großen, sich durch den Körper offenbarenden Triebe.

Auf dem Bild wird dieser mächtige Löwe zwar schon beherrscht, aber noch nicht ganz besiegt. Die schöne Frau muß ihn noch halten, sie darf ihn noch nicht loslassen. Aber der Löwe steht schon unter der Herrschaft der allerstärksten Offenbarung und Kraft des Geistes, unter der Herrschaft der LIEBE.

Die Tarotkarte 11 trägt die Quersumme der Zahl 11, die Zahl 2, und die den unendlichen Raum symbolisierende 0, also die Zahl 20, und den Buchstaben CAPH. Bisher hatten wir nur einstellige Zahlen. Nach der ersten Dekade haben wir zweistellige, die wir nach der kabbalistischen Methode addieren, um die Quersumme zu erhalten. Die Quersumme der Zahl 11 ist 2, die nie in einer Einheit vorkommen kann. Wie die Zahl 2 ist auch die Zahl 20 eine Verdoppelung, weil die 0 bei der kabbalistischen Reduktion nicht zählt. Und so ist auch Caph ein doppelter Buchstabe im hebräischen Alphabet.

Das Bild DIE KRAFT zeigt zwei Faktoren: den Sieger und den Besiegten. Der Sieger ist die schöne Frau, welche die größte Kraft, die Liebe symbolisiert. Und der Besiegte ist der Löwe, der den größten

Widerstand gegen den Geist durch den Körper und die ihm eigenen zwei großen Triebe seines irdischen Wesens symbolisiert. Wir können diese Faktoren auch die Kraft und die Vitalität nennen. Die Kraft der Liebe und die Vitalität des Körpers. Beide sind gleich wichtig, aber die Kraft des Geistes, die Liebe, muß die Herrschaft über die Vitalität des Körpers haben.

Der Buchstabe CAPH entspricht dem Namen Chabir (der Mächtige) und bezeichnet den »ersten Himmel« und die erste Ursache, die alles, was beweglich ist, in Bewegung setzt. Hieroglyphische Bedeutung des Buchstabens CAPH ist die Hand des Menschen als Begriff des festen Zugreifens. Daher entsprechen diesem Buchstaben alle Ideen von Kraft.

DER AUFGEHÄNGTE

Zahlenwert: 30

Buchstabe: ‫ל‬ LAMED

Auf diesem Bild sehen wir unseren Magier wieder. Auf der ersten Karte stand er am Anfang des Weges, auf der sechsten Karte haben wir ihn bei der Weggabelung und auf der siebenten Karte als Triumphator gesehen, der seine eigenen sieben Kräfte besiegt hat und beherrscht. Hier auf diesem Bild sehen wir ihn als aufgehängten Mann. Ist dies ein Rückfall? – Wohl kaum, weil er mit seiner Lage zufrieden zu sein scheint. Sein Gesicht ist vergnügt und fröhlich. Untersuchen wir also gründlich, was das Bild bedeuten soll!

Wir sehen rechts und links zwei Baumstämme; wir erkennen wieder die zwei Säulen Salomos, Jakim und Boas. Beide Stämme haben sechs Zweige gehabt, die abgehauen wurden. Die Stümpfe davon sehen wir noch. Die Stämme sind unten blau, dann geht die blaue Farbe bis hinauf in grün über; die Stümpfe der abgehauenen Zweige sind rot. Auf der Höhe auf welcher der siebente Zweig seinen Platz gehabt hätte, wurden die beiden Stämme abgeschnitten und ein gelbes Brett darübergelegt. An diesem Brett ist der junge Mann aufgehängt worden. An seinem linken Fußgelenk wurde ein starker Strick befestigt; damit wurde er am Brett festgebunden. Das rechte Bein hält er so, daß er zusammen mit seinem linken Bein ein Kreuz bildet. Wir erkennen dasselbe Kreuz, welches der »Himmelskönig«

auf der Tarotkarte 4 mit seinen Beinen bildet. Der Aufgehängte trägt dunkelbraune Schuhe, seine Strumpfhosen sind blau. Er trägt einen aus rotem und weißem Stoff zusammengesetzten Rock, und zwar so, daß die obere linke Seite weiß, die rechte Seite rot und unterhalb des gelben Gürtels die linke Seite rot und die rechte weiß ist. Die zwei Taschen, die halbmondförmig sind, und die sechs Knöpfe auf dem Rock sind im weißen Teil rot und im roten Teil weiß. Seine Arme sind gelb mit roten Manschetten. Seine beiden Hände, die grün sind, hält der Magier hinter seinem Rücken versteckt. Mit beiden Armen hält er je einen Beutel mit Geld; der eine ist hellblau, der andere hellrosa. Aus beiden läßt er Geldstücke fallen, aus dem hellblauen Silberstücke und aus dem rosa Beutel Goldstücke. Seine Haare sind goldblond und hängen wallend nach unten.

Dieses Bild zeigt einen ganz merkwürdigen Zustand, der für solche, die ihn noch nicht erlebt haben, schwer verständlich ist. In diesem Zustand sieht und tut der Mensch alles umgekehrt wie die anderen, die Durchschnittsmenschen es tun. Und weil man alles umgekehrt sieht und tut, kommt man in ständigen Konflikt mit der Außenwelt.

Wie kommt aber der Mensch dazu, daß er alles umgekehrt sieht und tut? – Versuchen wir das Bild zu verstehen! Wir werden dann sehen, daß der Mensch, sobald er alle die Stufen, die bisher beschrieben wurden, überschritten hat, unbedingt und unvermeidlich in diesen Zustand kommen muß.

Der Mensch ist auf die beiden Stämme, die sechs Stufen haben, hinaufgeklettert. Er mußte also alle sechs Ebenen kennenlernen, die physisch-materielle, die vegetative, die animalische, die mentale, die kausale und die sechste, die rein seelische Ebene. Auf der sechsten Ebene hat der Mensch nicht mehr seinen eigenen persönlichen Willen, sondern er tut immer Gottes Willen. Er hört in sich klar, was Gott von ihm will; somit wurde er ein Ausführungswerkzeug Gottes. Danach muß folgen, daß der Mensch in seinem höchsten seelischen Zustand wie Moses »auf dem Berg« mit Gott von

Angesicht zu Angesicht spricht. Das heißt, sein Bewußtsein wird mit Gott identisch, er kommt mit Gott in einen Seinszustand. Der junge Magier hat seinen Fuß auf diese siebente höchste Stufe gesetzt. Wie wir sehen, berührt sein Fuß noch immer diese siebente Stufe, ER STEHT ALSO DARAUF, aber *umgekehrt*. Nach menschlicher Ausdrucksweise *hängt er daran*. Er sieht also alles umgekehrt. Wie könnte es anders sein, wenn er auf der Stufe der Tarotkarte 11 die wahre geistige Liebe erreicht hat und alles vom Standpunkt des anderen, vom göttlichen Standpunkt der LIEBE, der EINHEIT aus betrachtet? – Und wir wissen ja, daß der göttliche Standpunkt und der menschliche Standpunkt immer die Spiegelbilder voneinander sind.

Diese zwei Baumstämme zeigen aber noch etwas sehr wichtiges. Die sechs Astknorren und der siebente, wo der Stamm abgehauen wurde, zeigen die sieben seelischen Zentren des Menschen, die ihren Sitz im Körper in den wichtigsten Nervenzentren haben. Diese seelischen Zentren nennt die indische Vedantaphilosophie »Chakras«. Wir dürfen aber diese Chakras nie mit den Nervenzentren verwechseln, in welchen sie ihren Sitz haben. Ein seelisches Zentrum, also ein Chakra, steht in demselben Verhältnis zum Nervenzentrum, in welchem es seinen Sitz hat, wie der Kraftwagenführer zum Auto steht. Er sitzt im Auto, er bringt es in Bewegung und er lenkt es, aber der Wagenführer ist dennoch keineswegs das Auto! Leider kennen viele westliche Autoren, die über die Chakras Bücher schreiben, diesen Unterschied zwischen Chakras und Nervenzentren nicht und glauben, daß die Nervenzentren mit den Chakras identisch sind. Das ist ein großer Irrtum. Diese seelischen Zentren, die Chakras, haben ihren Sitz im Träger des Lebens, im Rückgrat. Das unterste Chakra im Rückgrat, im Steißbein, trägt den negativen Pol in sich. Es wird Muladara-Chakra genannt. Das nächste Chakra hat seinen Sitz im Rückgrat, unter der Nabelgegend. Es heißt Swadischtana-Chakra und beherrscht die Zeugungskraft. Das nächste sitzt im Plexus-Solaris und heißt Manipura-Chakra. Im Herz heißt es Anahata-Chakra. In der Schilddrüse sitzt das Vishuda-Chakra; zwischen den Augenbrauen sitzt das Adschna-Chakra und ganz oben im Scheitel ist das höchste Chakra, in welchem der positive Pol seinen Sitz hat. Er dient dazu, den göttlichen Geist zu offenbaren und heißt Sahasrara-Chakra. Dies sind die sieben Stufen, die der Mensch erreichen muß. Und wenn er auf der siebenten Stufe angelangt ist und das siebente Chakra aus seinem latenten Zustand erweckt und aktiv macht, dann erreicht er den Zustand, in welchem er wie Moses mit GOTT von Angesicht zu Angesicht sprechen kann. Aber zuerst muß er auf die sechs Stufen hinaufkommen, die sechs Chakras *aktivieren*.

Die Beine, mit welchen der junge Mann hinaufgeklettert ist, sind blau, die Schuhe braun. Wohin ihn auch seine Schritte führen, wird er immer vom reinen Gottesglauben geführt. Er wurde ein Werkzeug Gottes. Er hat keinen Eigenwillen mehr. Nur seine Schuhe sind braun, also nur sein unterster Teil, die Fußsohle kommt mit der Materie, mit der Erde, in Berührung. Er muß auf der Erde als Basis stehen! – Seine Bekleidung besteht aus weißen (Reinheit), aus roten (Geistigkeit), aus gelben (Intelligenz) und grünen (Wohlwollen) Stoffen. Wir wissen schon was das bedeutet. In seinem Inneren ist er geistig und rein, in seiner Aktivität läßt er sich von seiner Intelligenz und seiner Vernunft führen. Der weiße und der rote Halbmond bedeutet die negativen Mondkräfte und die positiven Sonnenkräfte; beide hat er schon »in seiner Tasche«, das heißt, daß er über die beiden Kräfte schon die Herrschaft besitzt. Die sechs Knöpfe, die er jetzt hat, sind die fünf körperlichen Sinnesorgane und den sechsten Sinn, den er jetzt auch schon sehr nötig hat. Unter seinen Armen sind die zwei Beutel mit Geld, aus welchen seine gesammelten Schätze infolge seiner umgekehrten Lage herausfallen, so daß andere Leute sie auflesen können. Seine Schätze sind Gold, also positiv-Geistiges, und Silber, negativ-Seelisches. Er gibt alles was er unter schweren Erfahrungen gesammelt hat an seine Mitmenschen weiter.

Wie könnte ein Mensch, der diese Einstellung in sich trägt, *nicht* alles umgekehrt sehen und tun wie die Durchschnittsmenschen, die noch ganz auf Egoismus, Neid, Habgier und Eitelkeit eingestellt sind? – Es ist auch ganz selbstverständlich, daß alles, was der »Aufgehängte« sagt oder tut, von den gewöhnlichen Menschen mißverstanden und verkehrt ausgelegt wird. Ein Mensch, der diesen Zustand erreicht hat, bemerkt, daß er auf diese Stufe gelangt ist gerade daran, daß man ihn immer mißversteht und daß er immer wieder die Gründe seiner Taten erklären muß. Aber nicht nur das. Es ist eine merkwürdige Tatsache, daß Menschen, die diesen Entwicklungsgrad erreicht haben, tatsächlich den Zustand erleben, in welchem sie das Gefühl haben, sie seien aufgehängt worden, ohne daß sie vorher wußten, daß diese Tarotkarte und dieser Zustand existiert. Manche träumen, wie Fledermäuse aufgehängt zu sein, und manche berichten, daß sie während der Meditation plötzlich das Gefühl bekommen haben, an den Füßen in die Höhe gehoben zu werden und in dieser Stellung, mit dem Kopf nach unten hängend, bleiben zu müssen. Wenn sie dann die Augen öffneten, sahen sie, daß sie in einer ganz normalen Stellung auf dem Stuhl saßen. Das kommt bei Menschen, die geistige Yoga-Übungen machen, tatsächlich vor. Man muß also erkennen, daß der Zustand, in dem man das Gefühl bekommt umgekehrt aufgehängt zu sein, mit der Erweiterung des Bewußtseins zusammenhängt. Die Erfahrung zeigt, daß der Mensch in dem Zustand der Tarotkarte 12 nicht nur im geistigen Sinne umgekehrt denkt und handelt wie der Alltagsmensch, sondern daß er diesen geistigen Zustand auch in den Körper projiziert und deshalb als einen körperlichen Zustand erlebt.

Wir geben jetzt ein Beispiel, wie ein Mensch von solch einem umgekehrten Standpunkt aus denkt und handelt. Ehe »der Aufgehängte« von zu Hause weggeht, schließt er vorher sorgfältig seinen Schreibtisch und alle seine Schränke ab. Seine Umgebung, seine Angestellten und Familienmitglieder denken, daß er das deshalb tut, weil er Angst hat, daß jemand während seiner Abwesenheit an den Schubladen sich etwas zu schaffen machen könnte. Er schließt also alles ab, weil er offensichtlich Verdacht gegen seine Umgebung hat. Der »Aufgehängte« tut es aber in Wirklichkeit aus dem genau umgekehrten Grund: er schließt alles ab, um seine Umgebung vor Verdacht zu schützen, so daß, wenn eventuell in den Schubladen etwas fehlen oder nicht ganz stimmen würde, jemand oder sogar *er selbst* nicht auf den Gedanken kommen soll, – denn der Teufel schläft nie –, daß jemand aus der Umgebung es weggenommen hat. Wenn er alles sorgfältig schließt, kann kein Mensch einen solchen Gedanken, einen solchen Verdacht bekommen. Also statt die Umgebung zu verdächtigen *schützt er sie vor jedem Verdacht.* – Es ist überflüssig, weitere Beispiele zu erwähnen. Denn die Leser, die schon auf oder sogar *über* diesen Bewußtseinszustand gekommen sind, werden selbst erfahren oder haben schon erfahren, daß diese Behauptungen wahr sind. Mit denen, die noch *vor* dieser Stufe stehen darüber zu reden, hat wenig Sinn. Sie werden es nicht verstehen und auch nicht glauben, daß so etwas möglich ist; sie werden über die Sache eben *umgekehrt* denken. Die »Aufgehängten« sind daran schon gewöhnt.

Es ist erstaunlich, daß die großen Eingeweihten, die diese Bilder dazu geschaffen haben, um die verschiedenen Bewußtseinszustände darzustellen, das innere Wesen des Menschen so gründlich kannten, daß sie wußten, daß dieser Zustand nicht nur seelisch, sondern auch als Projektion in einem körperlichen Zustand erlebt wird. Manche Menschen, die auf den großen Weg getreten sind, kennen bereits diese Bilder. Aber erst dann haben sie diese Bilder wirklich erfaßt und verstanden, wenn sie diese Zustände unerwartet plötzlich selbst erlebt haben. Dann ist ihnen das Licht aufgegangen und sie haben sich in Demut vor den Eingeweihten verneigt, die solch tiefes psychologisches Wissen besaßen.

Die Tarotkarte 12, DER AUFGEHÄNGTE, trägt die Quersumme der Zahl 12, also 3, verbunden mit der den unendlichen Raum symbolisierenden 0, also 30; und sie trägt auch den Buchstaben LAMED.

Die Zahl 12 und alle Multiplikationen mit dieser Zahl sind die bedeutendsten Zahlen in der ganzen Zahlenreihe. Es ist bemerkenswert, daß eine verhältnismäßig so kleine Zahl wie die Zahl 12 durch *sechs* Zahlen – also mit der *Hälfte* der Zahlen der Zahl 12! – teilbar ist. Und wenn wir diese sechs Zahlen addieren: $1 + 2 + 3 + 4 + 6 + 12$, bekommen wir die Zahl 28, deren Quersumme wieder die Zahl 10, die Zahl der Vollendung und Erfüllung der Schöpfung ist. Wenn wir die Zahl der göttlichen Trinität 3 mit der Zahl der vier Gesichter Gottes, 4, multiplizieren, bekommen wir die Zahl 12, diese einmalige Zahl, die mit so viel Zahlen wie die Hälfte ihrer eigenen Zahl teilbar ist. Keine andere Zahl kann man mit der Zahl der eigenen Hälfte teilen. Auch wenn wir die größten Zahlen nehmen gibt es das nicht mehr, daß eine Zahl mit so vielen Zahlen teilbar ist, wie die Hälfte der eigenen Zahl ausmacht. Die Menschheit hat seit uralten Zeiten die Wichtigkeit dieser Zahl erkannt und hat auch den Himmel in zwölf Tierkreiszeichen eingeteilt. Und früher, bevor man das Dezimalsystem eingeführt hatte, hat man die Zwölf und ihre fünffache Multiplikation, die Zahl 60, als Grundlage des Zahlensystems gebraucht. Die Zahl 60 ist mit 12 Zahlen, also mit dem fünften Teil des eigenen Wertes teilbar, was auch ein sehr hoher Prozentsatz ist! – In der Bibel finden wir auch oft die Zahl 12. Die zwölf Stämme Israels, die zwölf Jünger Christi und die zwölf Körbe voller Reste von den zwei Fischen und den fünf Broten, mit welchen Christus die fünftausend Menschen gespeist hat, sind nur einige Beispiele der Zahl 12 in der Bibel. Die Tarotkarte 12 trägt den Zahlenwert 30, die Zahl der göttlichen Trinität mit 0 verbunden. Wir werden über die Zahl noch bei der Tarotkarte 21 sprechen, welche die Umkehrung der Zahl 12 ist und deren Quersumme auch die Zahl 3 ergibt.

Diese Karte trägt noch den Buchstaben LAMED, der dem Arm des Menschen entspricht und daher steht dieser in enger Beziehung mit allem, was sich erhebt und entfaltet wie der Arm. Prophetische Offenbarungen erzeugen in der Menschheit eine göttliche Ausdehnung, woraus sich die Idee des geoffenbarten Gesetzes ergibt.

DER TOD

Zahlenwert: 40

Buchstabe: מ MEM

Wir sehen auf dem Bild ein Gerippe mit der Sense in der Hand. Das ist das uralte Symbol des Todes. Mit seiner Haltung und mit der Stellung der Sense in seiner Hand ahmt er die Form des Buchstaben MEM nach. Das Gerippe hält die Sense nicht in der Hand, wie es mähende Menschen normalerweise tun, sondern umgekehrt. Er hält die Sense so, daß er nicht von rechts nach links, sondern von links nach rechts mäht. Das zeigt, daß das Gerippe die umgekehrte innere Einstellung des AUFGEHÄNGTEN auf diese Stufe hinübergebracht und behalten hat. Alles was es denkt und tut ist das Umgekehrte von dem, was die alltäglichen Menschen denken und tun. Es drückt aber mit dieser umgekehrt gehaltenen Sense auch aus, daß es auch den Tod umgekehrt gibt, daß es mit diesem Tod nicht den *Tod,* sondern das *Leben* gibt. Darauf weist auch die rote Farbe der Sense und die blaue Farbe des Sensenblattes hin. Das Gerippe mäht die Person mit dem Feuer des Geistes und mit dem Gottesglauben der Seele ab.

Dieses Gerippe ist nichts anderes als der Geist des Menschen. Als der Geist sich in die Materie hineinkleidete und als Menschenkind geboren wurde, mußte er in die Materie *hineinsterben.* Er konnte seine geistigen Eigenschaften nicht mehr offenbaren, er konnte sein eigenes geistiges LEBEN nicht mehr *sein.* Er mußte die Eigenschaften des Körpers auf sich nehmen und konnte sich nur in sehr geringem Maße durch die materielle Hülle des Menschen offenbaren. Das geistige Bewußtsein wurde verdrängt in das Unbewußte und der Mensch wurde eine Mischung aus sehr viel materiellen und sehr wenig geistigen Eigenschaften. So wurde der Mensch ein Wesen, das die innere Wirkung seines eigenen Geistes aus dem Unbewußten als die innere Stimme eines unbekannten, außerhalb stehenden Wesens wahrgenommen hat. Der Geist kämpfte im Menschen, um sich durch den Körper manifestieren zu können. Die Eigenschaften des Körpers und die Eigenschaften des Geistes sind einander entgegengesetzt. Die Grundnatur des Körpers ist Faulheit und Trägheit; die Grundnatur des Geistes ist Feuer und Aktivität. Von der Geburt an kämpft der Geist gegen die Tyrannei des Körpers. Angefangen bei den kleinsten Dingen bis zu den größten menschlichen Problemen leidet der Mensch unter diesem Kampf zwischen Körper und Geist. Der Körper möchte zum Beispiel eine schlechte und träge Haltung einnehmen, weil er faul ist und die Schwere des Körpers ihn herunterzieht. Der Geist will in dem Menschen den Sieg über den Körper davontragen und zwingt ihn dazu, die Kräfte des Geistes zu offenbaren. Jeder Sport ist ein Sieg über den Körper, in jeder Bewegung des Körpers will sich der Geist manifestieren über die Trägheit des Körpers. Dieser Kampf fängt schon beim Erwachen aus dem Schlaf an. Der Körper möchte noch liegenbleiben und weiterschlafen. Aber der Geist im Menschen zwingt den Körper trotz Gähnens zum Aufstehen, zum Anziehen, zu seiner Arbeit nachgehen oder Sport zu treiben. Und so geht das den ganzen Tag weiter. – Auch in großen Problemen tun wir so, wie Paulus es in der Bibel so treffend sagt: »Was ich will, das tue ich nicht, und was ich nicht will, das tue ich.« *Wer* ist derjenige, *der* etwas will, und *wer* ist derjenige, der es trotzdem *nicht* tut? – Und *wer* ist *derjenige*, der etwas *nicht* will, und wer ist derjenige, *der* es *trotzdem tut?*

Der Geist und der Körper stehen und kämpfen gegeneinander und der Mensch leidet ständig unter diesem inneren Kampf. Aber gerade diese ständigen Leiden erwecken im Menschen das geistige Bewußtsein und zwingen ihn, den Weg zu seinem eigenen Geiste zu finden. Eines Tages erwacht er und wird sich bewußt, daß er nicht der Körper, nicht die Person ist, sondern daß er sein eigenes höheres Selbst, sein eigener Geist ist, der den Körper zwar als Offenbarungswerkzeug, auf keinen Fall aber als Selbstzweck gebrauchen soll. Dieses erste Bewußtwerden stellt die Tarotkarte 1 dar. Da hat der Mensch zum ersten Mal die geistige Freiheit gekostet. Ehe er diese erste geistige Bewußtseinsstufe nicht erlebt hatte, war er nur ein blinder Sklave unter der Diktatur seiner Triebe. Dann wurde der Mensch in seinem Geiste Schritt um Schritt immer bewußter; allmählich hatte er nicht mehr das Gefühl, daß sein eigenes Selbst ein außerhalb ihm stehendes fremdes Wesen ist, das ihn merkwürdigerweise doch so gut kennt, daß es durch sein Gewissen zu ihm sprechen kann. Er wurde sich bewußt, daß dieses über seinem persönlichen Bewußtsein stehende »Wesen« sein eigenes Selbst, sein eigener Geist, ER SELBST IST! – Ein immer größeres Licht begann in ihm zu strahlen, er hat verschiedene Zustände in sich erlebt, bis er jetzt auf der Bewußtseinsstufe, welche die Tarotkarte 13 symbolisiert, so weit gekommen ist, daß er in seinem eigenen Selbst, in seinem eigenen Geist, bewußt wird. Nach einem Naturgesetz – nach Pythagoras – »können zwei Dinge nicht gleichzeitig an demselben Ort sein«. Der Geist und das körperliche Wesen, die Person, können also den Körper desselben Menschen nicht gleichzeitig als Offenbarungswerkzeug gebrauchen, eines von beiden muß verschwinden, vernichtet werden. Da die Person nie eine eigene wirkliche Existenz besaß, sondern ihr Leben vom Geist nur ausgeliehen bekam, muß jetzt die Person verschwinden. Der im Geist bewußt gewordene Mensch wird von nun an, ohne Beimischung der Person, *bewußt* er selbst sein. Sein geistiges Bewußtsein mäht die Person ab, *es tötet sie.* Von nun an werden die körperlich-vegetativen Kräfte dem Körper dienen, nicht aber sein geistiges Bewußtsein in Besitz nehmen. In seinem Bewußtsein wird der Geist der Herrscher sein. Und der

Mensch, der bisher eine Mischung von Geist und Person war, wird ganz geistig, ganz *unpersönlich*. Der Geist ist genau das Umgekehrte, das Gegenteil des Persönlichen. Die Person bedeutet Isolation und Egoismus, der Geist aber vernichtet die Isolation, bringt den Menschen in die Einheit und macht ihn selbstlos.

Der Tod der Person wurde schon auf den vorherigen Stufen vorbereitet. Der Mensch wurde wach, er hat die Gerechtigkeit kennengelernt, er hat sich von der irdischen Welt zurückgezogen und wurde seinem eigenen Schicksal, seinem Karma überlegen. Er hat die titanische Kraft des Geistes, die wahre LIEBE, kennengelernt und ihre Herrschaft mit Freude angenommen. Dann mußte er noch lernen, objektiv zu sein und sich mit seinem Gegenüber austauschen zu können. Dadurch hat er wie der »Aufgehängte« alles umgekehrt gesehen.

Was ist noch von seiner Person übriggeblieben? – Nichts, rein gar nichts!

Bedeutet das aber, daß der Mensch gleichgültig, apathisch, inaktiv und lust- und leblos geworden ist? – Auf keinen Fall! – Im Gegenteil. Da er keine persönlichen Probleme mehr hat, hat er auch keine persönlichen Sorgen, keinen persönlichen Kummer mehr. Er ist immer friedlich, aber fühlt mit doppelter Stärke die Freuden und die Leiden der Menschen, der Tiere und der Pflanzen. Er mischt sich in nichts hinein, sondern läßt alles geschehen wie Gott es will, weil er weiß, daß nichts ohne Gottes Willen geschehen kann und alles was geschieht das Beste für uns ist. Wir müssen aus allem etwas lernen, um damit auf dem großen Weg einen Schritt näher zu Gott zu kommen. Ohne Gottes Willen könnte gar nichts geschehen.

Wir sehen auf dem Bild, daß nur der Körper, die Person, verschwunden ist, aber die Köpfe, das Bewußtsein – die Krone bedeutet geistiges Bewußtsein – die Hände und Füße die Aktivität – sind noch da, sie sind vollkommen lebendig. Diese Hände schwören, daß sie leben und daß die Füße den Menschen auf seinem Weg weitertragen.

Die zwei Köpfe bedeuten, daß der Mensch, auch wenn er vollkommen unpersönlich wurde, noch immer eine Frau oder ein Mann ist; er gehört also noch zu einem Geschlecht. Der männliche Kopf trägt eine Krone. Das bedeutet, daß im Menschen das positive Prinzip, der Geist, herrscht, und daß er in seinem Geist bewußt ist. Im Bewußtsein ist er also vollkommen lebendig. Seine Aktivität, sein Bewußtsein lebt, nur die Person mit ihren körperlichen Wünschen wurde ausgetilgt. Dazu sagt ein altes Wort in wunderbarer Weise:

> Lange hab ich mich gesträubt,
> Endlich gab ich nach
> Wenn der alte Mensch zerstäubt
> Wird der neue wach.

Und Goethe, der um die alchimistische Umwandlung wußte, sagt:

> Und solang du das nicht hast,
> Dieses Stirb und Werde,
> Bist du nur ein trüber Gast
> Auf der dunklen Erde.

Die Tarotkarte 13 trägt den Zahlenwert 40 und den Buchstaben MEM.

Der Zahlenwert 40 entsteht aus der Quersumme der Zahl 13 und der das Weltall symbolisierenden 0. Die Zahl 13 ist im Gegensatz zu der vorherigen Zahl 12, die mit sechs Zahlen teilbar war, vollkommen unteilbar. Die Zahl 13 kann man also nur mit 1, mit GOTT, und mit 13, mit sich selbst teilen; sie ist eine Primzahl.

Alle Menschen wissen, daß die Zahl 13 eine Unglückszahl ist, aber die meisten wissen nicht warum. Wer die Tarotkarten kennt, der denkt, daß die Zahl 13 deshalb eine Unglückszahl ist, weil die Tarotkarte 13 den Tod bedeutet. Die große Eingeweihten aber, welche die Tarotkarten schufen, haben nicht aus Zufall den Tod mit der Zahl 13 und mit dem Buchstaben MEM identisch gemacht. Sie haben die Zahl 13 und den Buchstaben MEM ausgewählt, um den Tod darzustellen, weil in der Zahl 13 und auch in dem Buchstaben MEM wie wir noch sehen werden das »Verschwinden«, der »Tod« verborgen liegt. Denn wie jeder Kreis *sieben* kleinere Kreise in sich hat, deren Durchmesser ein Drittel des Durchmessers des großen Kreises ist, so enthält auch jede Kugel, welche die dreidimensionale Projektion des Kreises im Raum ist, *dreizehn* kleinere Kugeln in sich, deren Durchmesser auch genau ein Drittel des Durchmessers der großen Kugel ist. Wenn wir das wissen, dann wissen wir auch, daß die dreizehnte Kugel im Zentrum »verschwunden« ist, sie ist vor den Augen der Außenwelt unsichtbar; sie ist unter den zwölf sie umringenden Kugeln begraben, also »tot«. Die Zahl 13 auf der Tarotkarte 13 bedeutet deshalb den »Tod«. Und weil die Menschen diese inneren mathematischen Gesetze zwar mit dem Verstand nicht wissen, aber doch in der Tiefe ihres Wesens ahnen und fühlen, denken sie mit Schrecken, daß der *dreizehnte* sterben muß, wenn dreizehn Menschen bei Tisch sitzen. Aber nur der *dreizehnte!* Nicht einer von den dreizehn, nicht der erste oder der sechste oder achte, nein – es muß der dreizehnte sein, der stirbt. Weil zwölf sichtbar, also lebendig bleiben, muß der dreizehnte unsichtbar werden, also sterben, wie bei den dreizehn Kugeln nur die dreizehnte im Zentrum verschwindet. Ganz merkwürdig ist es, daß das Schicksal dieses Gesetz zu kennen scheint. Denn dort, wo ein großer religiöser oder politischer Führer von zwölf Jüngern, zwölf Generälen oder Ministern umringt ist, dort wiederholt sich dieses Naturgesetz, wonach der dreizehnte, der mittlere, den die anderen zwölf umringen, verschwinden und sterben muß. Die Geschichte gibt uns an Christus, Julius Cäsar, Napoleon und anderen davon genug Beispiele.

Die Zahl 40 ist auch ein Hinweis auf den Tod des Geistes in der Materie. Das Kreuz und das Quadrat bedeuten in der Symbolik immer die Materie. Wie wir schon bei der Tarotkarte 4 erläutert haben, ist die erste Offenbarungsform der schöpferischen Kraft, wenn sie in die Welten der Dimensionen heraustritt, das Quadrat und der Würfel, der aus sechs Quadraten besteht. Alle anderen Kristallformen bilden sich aus dieser ersten Urform.

Der Buchstabe MEM ist die zweite Mutter im hebräischen Alphabeth. MEM lockt den Geist in die Materie hinein und durch die Geburt als Mensch vermaterialisiert sie den Geist. Die Geburt in die Materie bedeutet für den Geist den Tod, wie wir schon wissen, allerdings nur einen Scheintod. Der Geist wird wie Christus auferstehen, wenn er in der Materie selbstbewußt geworden ist. Oder anders ausgedrückt, wenn der Mensch im Geist selbstbewußt wird. Die beiden Sätze haben den gleichen Sinn. Der Mensch wird also in seinem Bewußtsein auferstehen, wenn er sich nicht mehr mit dem sterblichen Körper identifiziert, sondern weiß, daß er den Körper nur als ein Offenbarungswerkzeug brauchte, aber nicht selbst der Körper ist und nie sein wird. Auf diese Tatsache und Wahrheit schwören die von mittelalterlichen Künstlern gemalten Christusgestalten, die gerade aus dem Sarg heraustreten, eine kleine Fahne des Sieges und der Auferstehung in der Hand halten und ihre rechte Hand zum Schwur erheben: *Für den Geist, für das Selbst, das wir in uns* ICH *nennen, gibt es keinen Tod, nur ewiges Leben!*

MEM bezeichnet auch alle Wiedergeburten, die aus vorangegangener Zerstörung entstehen. MEM versinnbildlicht alle Umwandlungen, also die Geburt aus der geistigen Welt in den Körper und im Tode die Geburt aus dem Körper in die geistige Welt. Der Buchstabe MEM, die MUTTER, war also für uns Menschen, für uns alle, die Tür, durch welche wir aus dem Jenseits hierher in das Diesseits, in die materielle Welt hineingeboren wurden. Wir mußten in die Materie hineinsterben, um bewußt im Geist wiedergeboren zu werden, um zu erfahren, daß *unser Leben ewig ist.*

Die Tarotkarte 13 bedeutet den Tod des kleinen Schein-Ich, der Person, und den Sieg des Geistes. Also dieselbe Karte ist gleichzeitig Ende und Anfang. Wie bei der Tarotkarte 7 wurde hier eine Entwicklungsperiode beendet und eine neue wird begonnen.

AUSGEWOGENHEIT

Zahlenwert: 50

Buchstabe: ‎ܐ Noun

Der französische Titel dieser Tarotkarte ist falsch. Sie zeigt uns eine Entwicklungsstufe, die viel besser mit dem Wort Ausgewogenheit ausgedrückt wird. Die Frau auf der Karte wägt etwas ab, sie *dosiert* etwas, dabei ist sie gar nicht »mäßig«. Wir gebrauchen also als Titel: Die Ausgewogenheit.

Unsere Himmelskönigin steht wieder auf diesem Bild, aber jetzt trägt sie keine Krone. Sie trägt dagegen auf ihrer Stirne einen goldenen Kreis mit einem Punkt in der Mitte, womit ihre Haare zusammengehalten werden. Dies zeigt ihr hohes Bewußtsein, mit welchem sie in die göttliche Welt eingeschaltet ist. Auf ihrem Körper hat sie dasselbe rote Kleid wie auf der Tarotkarte 3. Aus dem himmelblauen Mantel, den sie als Himmelskönigin getragen hat, wurde ein Überkleid, das sie vorne offen trägt, so daß das rote Kleid darunter sichtbar ist. Sowohl das rote Kleid als auch das blaue Überkleid sind mit einem gelbem Saum eingefaßt und auf dem blauen Kleid sind sogar gelbe Streifen und ein gelber Gürtel angebracht. Im Ausschnitt des blauen Kleides ist ein grünes Futter sichtbar. Wir wissen bereits, daß das rote Kleid auf ihrem Körper ihre hohe Geistigkeit, das blaue Überkleid ihren unerschütterlichen Gottesglauben, die gelbe Einsäumung ihre Intelligenz und das grüne Futter ihr Wohlwollen und

117

ihre Humanität bedeuten. Ihre zwei großen Flügel, die sie als DIE GERECHTIGKEIT und als DIE LIEBE niedergelegt und nicht mehr getragen hatte, trägt sie jetzt wieder. Sie ist befreit von den irdischen Problemen, sie kann wieder im hohen Himmel fliegen und schweben. Nur mit ihren Fußsohlen steht sie noch auf der Erde; um das zu zeigen sind ihre Schuhe braun.

Neben ihr, aus der Erde herausgewachsen, steht wieder die Blume, die wir schon auf dem Bild des Magiers und auf dem Bild des Herrschers gesehen haben. Sie ist halb offen und es scheint, als ob sie von der schönen Frau das Wasser des Lebens erwarte, um sich ganz entfalten zu können.

In jeder Hand hält die Himmelskönigin einen Krug. Wir erkennen, daß diese beiden Krüge die zwei Hauptströme der Schöpfung symbolisieren. Der goldene Krug symbolisiert die positiv-geistigen und der silberne Krug die negativ-körperlichen Kräfte. Die Spannung, die zwischen den Quellen des positiven und negativen Poles besteht, ist das Leben selbst. Diese Kräfte geben dem Menschen und allem, was in der Schöpfung lebt, das Leben. Oben am Kopf, unter der Stelle, wo die Haare einen Wirbel bilden, liegt ein Gehirnzentrum, in welchem der positive Pol seinen Sitz hat. Unten im Steißbein, im untersten Wirbelknochen, hat der negative Pol seinen Sitz. Die Spannung zwischen den beiden Polen im Rückgrat ist unser Leben im Körper. Der Mensch trägt aber die Fähigkeit in sich, diese zwei schöpferischen Kräfte bewußt nach seinem Willen zu lenken. Er kann in seinem Körper an manchen Stellen positive oder negative Kräfte aufspeichern und damit, nach seinem Willen, in seinem Körper Veränderungen verursachen oder bisher verborgene und sich im latenten Zustand befindliche Fähigkeiten in sich hervorrufen, erwecken und aktivieren. Die Alltagsmenschen wissen das nicht und können auch diese Kräfte nicht nach ihrem eigenen Willen lenken. Wer aber dieses Geheimnis kennt, kann über die schöpferischen Kräfte verfügen und sie nach seinem eigenen Willen gebrauchen oder umwandeln.

Auf dem Bilde sehen wir, daß die schöne Frau die Flüssigkeit aus dem silbernen Krug in den goldenen Krug strömen läßt. Das bedeutet, daß sie auf diese Art negative Kräfte in positive umwandelt. Im goldenen Krug entsteht ein chemischer Prozeß, wodurch alles, was sich darin befindet, umgewandelt wird. Aus dem negativen Silber wird *positives geistiges* Gold.

Die Frau wägt ab, wieviel Kräfte sie noch im silbernen Krug behalten und wieviel sie schon ohne Gefahr in den goldenen Krug hineingießen kann. Sie dosiert die Kräfte. Wenn sie die richtige Menge nimmt, kommt der Mensch mit Meilenschritten seinem großen Ziel näher. Wenn sie aber unrichtig dosiert, gehen die Nerven des Menschen daran zugrunde.

Dieses Bild ist ein Hinweis, daß der Mensch seine Körperkräfte in geistige Kräfte umwandeln und damit seine bisher inaktiven Nervenzentren erwecken und in Gebrauch nehmen kann, um höhere geistige Zustände zu erreichen. Auf der Tarotkarte 12 haben wir schon die sieben seelischen Zentren kennengelernt. Auf dieser vierzehnten Bewußtseinsstufe ist der Mensch so weit gekommen, daß er die latenten körperlichen Nerven- und Gehirnzentren, die der Sitz dieser seelischen Zentren, der Chakras, sind, erwecken und aus ihrem inaktiven in einen aktiven Zustand setzen kann und *darf*. Denn der Mensch hätte diese Chakras auch früher aktivieren können, aber er wäre dadurch in Gefahr gekommen. Es gibt körperliche Übungen, welche die Chakras erwecken können. Für einen unreifen Menschen ist das aber die größte Gefahr, denn wenn die Nerven- und Gehirnzentren des Menschen noch nicht widerstandsfähig genug sind, erkranken sie durch die höheren Schwingungen, die man ihnen dadurch zuführt. Der Mensch aber, der die höhere Bewußtseinsstufe schon erreicht hat und über genügend Widerstand verfügt, der kann seine Chakras ohne Gefahr aktivieren und die für weniger entwickelte Menschen gefährlichen inneren Spannungen als alltäglichen Zustand in sich tragen. Die Menschen sind nicht gleich und tragen in ihren Nerven, je nach ihrer Bewußtseinsstufe, verschiedene Spannungen. Wenn ein Mensch, der auf einer weit höheren Entwicklungsstufe steht, einen anderen Menschen, der niedriger steht als er, berührt, besonders aber wenn er seine Hand auf den Kopf des anderen legt, fällt dieser in einen schlafähnlichen Trancezustand. Dies ist aber keine Hypnose, denn in der Hypnose verliert der Hypnotisierte seinen Willen. Bei dieser Berührung ist aber das Bewußtsein und der Wille des Berührten nicht vernichtet. Im Gegenteil, er ist innerlich viel bewußter und konzentrierter als sonst. Der Höherstehende muß aber seine Kräfte so weit beherrschen können, daß er sie gut *dosieren* kann. Wenn nämlich der Unterschied zwischen den Frequenzen der Kraftströme des Höherstehenden und des Niedrigerstehenden sehr groß ist, verursachen diese *viel* höheren Frequenzen, wenn sie in die Nerven des niedrigerstehenden Menschen hineingelenkt werden, bei ihm schwere Nervenkrämpfe. Viele Augenzeugen bestätigen, daß ein Apotheker in Dakshineswar (Indien) den schon damals weltberühmten großen indischen Heiligen Rama Krishna so lange gebeten hat, ihm durch Berührung seine hohen Kräfte zu übermitteln, bis Rama Krishna nachgab, ihn berührte und seine hohen Frequenzen in den Apotheker hineinlenkte. Der Apotheker bekam solche Krämpfe, daß er aufschrie und Rama Krishna flehentlich bat, ihn aus diesem Zustand wieder herauszubringen und ihm seinen eigenen, für ihn normalen Zustand zurückzugeben. Rama Krishna tat das auch. – Wir könnten solche Beispiele auch aus dem Westen erwähnen, aber wenn wir diese Wahrheiten verstanden haben, sind Beispiele und Beweise überflüssig.

Auf dem großen Weg geht der Mensch weiter und immer weiter, und ohne daß er es weiß, entfalten sich in ihm seine bisher verborgenen Kräfte und werden aktiv. Viel schneller verläuft aber dieser innere Prozeß, wenn der Mensch *bewußt* gefahrlose Übungen macht, die den Widerstand seiner Nerven allmählich so weit steigern, daß sie höhere Spannungen und deren höhere Frequenzen ertragen können.

Auf der Stufe des AUFGEHÄNGTSEINS hat der Mensch diese höheren

Chakras erkannt und bewußt in seinen Besitz genommen. Die Tarot-karte 14 zeigt, daß er die verschiedenen Quellen der schöpferischen Kraft schon kennt und den Übergang von den niedrigeren zu den höheren Frequenzen nicht nur kennt, sondern diese auch gebrauchen und umwandeln kann. Auf dieser Stufe kann er die körperlichen Ener-gien in geistige Energien umwandeln und die verschiedenen Kräfte nach seinem Willen *dosieren*. Auf dem Bild gießt die Frau deshalb aus dem silbernen Krug, der die Körperkräfte symbolisiert, in den goldenen Krug, das Symbol der geistigen Energien, in welchem sich die körperlichen Kräfte durch einen *inneren* chemischen Prozeß in geistige umwandeln. Diese Kunst haben die Rosenkreuzer und Alchimisten gekannt und haben sie die »Königliche Kunst« ge-nannt. Sie haben dieses Geheimnis an ihre Jünger weitergegeben. Die Ritter der Kreuzzüge haben diese geheime Kunst, die nur für reife Menschen geeignet ist, aus Asien mitgebracht und in Europa an ihre engen Freunde weitergegeben. So bildeten sich allmählich immer mehr kleine Gruppen, die Logen, in welchen viele große und berühmte Menschen Mitglieder wurden. Um nur einige der allergrößten zu erwähnen: Voltaire, Friedrich der Große, Joseph II., Wieland, Lessing, Goethe, Mozart, Albrecht Dürer und noch viele, viele andere. Goethe hat diese mystischen Geheimnisse in seinem Meisterwerk, im Faust, und Mozart in seiner weltbekannten Oper, der Zauberflöte, und Albrecht Dürer in vielen Bildern trefflich dar-gestellt. Sie kannten diesen inneren Prozeß und sie kannten auch die Methode, mit welcher der Mensch auf dem großen Weg viel schneller zum Ziel kommt. In Asien und in Europa finden wir Spuren dieses geheimen Wissens, und auch die Schriften der Alchimisten und der Rosenkreuzer sind auf die Geheimnisse der Kabbala aufgebaut. Auf den Bildern der Rosenkreuzer und auf den Tarotkarten finden wir so viele parallele Darstellungen, daß es augenscheinlich ist, daß die Tarotkarten die gleichen Wahrheiten darstellen wie die geheimen Bilder der Rosenkreuzer und Alchimisten. Sie stammen vermutlich aus der gleichen Quelle.

Die Tarotkarte 14 trägt den Zahlenwert 50, der aus der Quersumme der Zahl 14 und aus dem Symbol des unendlichen Raumes, der 0, zusammengesetzt ist. Sie trägt auch den Buchstaben Noun.

Die Zahl 14 trägt die Zahl 7 zweimal in sich. Hier bedeutet zweimal die Zahl 7 das zweifach widerspiegelte Leben, das den materiellen Körper und das geistige Wesen des Menschen belebt. Die Quersumme ist die Zahl 5, die schon bei der Tarotkarte 5 besprochen wurde. Jetzt aber hat die Zahl 50, die zehnfache Zahl 5, also eine 5 mit der 0, deren Quersumme die Christuszahl 5 ist, eine viel tiefere Bedeutung. Bei der Zahl 5 bedeutete die äußere fünfeckige Form den äußeren Menschen. Hier auf dieser Tarotkarte bedeutet sie den inneren Lebensstrom, der ebenso in fünfeckiger Form im Menschen kreist:

Auf dem Bild von Albrecht Dürer, das den gekreuzigten Christus darstellt, stehen rechts und links vor den Händen des gekreuzigten Christus zwei Engel. Beide halten einen Kelch in der Hand, um damit das Blut, das wie ein Springbrunnen aus den Händen des Gekreuzigten herausquillt, aufzufangen. Das ganze Bild zeigt uns den Strom des schöpferischen Prinzips, den Christus-Strom. Nachdem er den ganzen Körper des Menschen, der ja in Zeit und Raum gekreuzigt ist, durchflossen hat, strahlt er aus fünf Punkten seines Körpers aus: aus den zwei Händen, aus den zwei Füßen und aus dem Sonnengeflecht, – also aus den fünf Wunden Christi. Dürer, der selbst ein eingeweihter Rosenkreuzer war und die Wahrheit über den Lebensstrom und das Geheimnis der umgewandelten körperlichen Ströme in geistige Kraft kannte, hat diese Wahrheit öfters in seinen Bildern dargestellt. Sprechen durften diese eingeweihten »Rosenkreuzer« nicht, sie durften aber die Wahrheit in geheimen

Figuren oder Bildern darstellen. Sie wollten damit die Aufmerksamkeit der Menschen auf ihre Art erwecken.

Der Buchstabe NOUN bezieht sich auf den Namen EMMANUEL, welcher in der Bibel der Name des göttlichen Kindes ist. Emmanuel bedeutet: »GOTT in uns«, also das den Menschen belebende höhere Selbst, das von sich selbst gesagt hat: »ICH BIN DAS LEBEN!« – Dieser Name EMMANUEL bedeutet also das Leben im Menschen. Wenn der Mensch im *Leben selbst* bewußt wird, so ist er in EMMANUEL, in CHRISTUS, auferstanden. NOUN ist die Sonnenkraft, die uns das Leben gibt. Das NOUN ist das Abbild des erzeugten und reflektierten Seins, also eine Frucht. Der alte Mensch ist schon gestorben und der neue ist als EMMANUEL, als das *göttliche Kind,* das aber noch nicht erwachsen ist, schon da.

DER TEUFEL

Zahlenwert: 60

Buchstabe: ○ Samech

Die Hauptgestalt dieses Bildes ist ein mächtiger Teufel. Wie der Teufel auf allen Abbildungen mit Ziegenkopf und mit Ziegenbockhufen, aber mit menschlichen Händen dargestellt ist, ist er auch hier eine Mischung von Mensch und Ziegenbock. Er hat zwei mächtige Hörner, dazwischen reichen seine Haare hinauf bis zum obersten Teil seines Kopfes, wo sich das höchste Nervenzentrum, das Sahasrara-Chakra, der Sitz des positiven Pols, befindet. Das zeigt, daß der Teufel dieses Zentrum schon aktiviert hat und gebraucht. Auf der Stirne hat er einen fünfeckigen Stern!

Der Teufel oder Satan trägt die Symbole aller vier Elemente und der beiden Geschlechter in sich. Die rote Farbe seines Kopfes symbolisiert den Geist und das Element Feuer. Aus den zwei schönen Federflügeln der Himmelskönigin wurden auf den Schultern Satans zwei riesige Fledermausflügel, mit denen er den unendlichen Raum durchfliegt und so auch die Luft beherrscht. Sein Oberkörper und die Arme sind hell, sie symbolisieren also auch das Element Luft. Sein Unterleib ist mit Fischschuppen bedeckt, welche auf das Element Wasser hinzeigen. Seine Beine sind braun und statt der Füße hat er Ziegenbockhufe. Diese symbolisieren wieder das Element Erde. Satan ist der Herr über die vier Elemente, welche die Wissenschaft heute Aggregatzustände nennt. Da aus den vier Elementen das Weltall aufgebaut wurde, ist Satan Herr über die ganze materielle Welt. Christus sagte nach dem letzten Abendmahl: »Gehen wir, es nähert sich der Herr dieser Welt.« Und seine Jünger wußten, daß dies der SATAN ist.

In dieser materiellen Welt kann nur Satan Herr sein, denn Satan ist das Gesetz der Materie, das sich in Zusammenziehung, Abkühlung und Verhärtung offenbart. Solange Satan das unbewußte Gesetz der Materie ist, ist er ein Naturgesetz und an seinem Platz. Wenn aber der Mensch in sich das Gesetz der Materie bewußt macht und sich damit identifiziert, dann wird in ihm dieses Gesetz ein lebendiger Geist. Dieses durch den menschlichen Geist lebendig gewordene Gesetz der Materie ist Satan. Er ist als Geist das genaue Gegenteil des göttlichen Geistes, er ist der Widersacher, denn die Gesetze des Geistes und die Gesetze der Materie sind Spiegelbilder zueinander. Satan hat an sich keinerlei eigene Existenz. Satan kann nur im Menschen und nur durch den Menschen lebendig werden, denn nur der Mensch kann aus dem Gesetz der Materie einen lebendigen Geist machen, wenn er sein Bewußtsein mit diesem Gesetz identifiziert. So ist es der Mensch selbst, der dem Satan ein eigenes Leben gibt. Und doch kann Satan, dieser nur durch den Menschen lebendig gewordene Geist, als ein zurückwirkendes Spiegelbild den Menschen in das Verderben, in die Hölle locken und in Verdammnis bringen.

Aus dem Zauberstab des Magiers und aus dem Zepter des Himmelskönigs und der Himmelskönigin ist eine brennende Fackel geworden, die der Satan in seiner rechten Hand hält. Satan herrscht über die Materie, also auch über den Körper des Menschen; das Feuer der Fackel ist das Feuer, die Wärme des Körpers, das durch den innewohnenden Geist brennt und ihn belebt. Aber in dem Moment, in welchem das Feuer des Geistes den Körper belebt, kommt er unter die Herrschaft des Gesetzes der Materie, also unter die Herrschaft Satans. Und weil Satan über den Körper des Menschen herrscht, so herrscht er auch über das Feuer, das den Körper belebt und sich in den zwei großen Trieben des Menschen offenbart, im Selbsterhaltungs- und im Arterhaltungstrieb.

Bei den Tieren wirken sich diese zwei Triebe ohne Einmischung des Verstandes aus, da die Tiere keinen Verstand haben und ganz nach den Gesetzen und nach dem Fahrplan der Natur leben. Wenn ein Tier daran gehindert wird, den Fahrplan der Natur exakt einzuhalten, so stirbt es. Wenn zum Beispiel die Ameisen nicht genau das essen und trinken können, was ihnen die Natur vorschreibt, sterben sie. Oder wenn sie nicht genau zu der Zeit ihre Hochzeit haben können, welche die Natur ihnen vorschreibt, gehen sie elendiglich zugrunde. Sie können ihre Hochzeit nicht verschieben, wenn sie daran gehindert werden. Je höher ein Tier in der weiten Skala der Natur steht, desto mehr Anpassungsfähigkeit besitzt es, doch geht diese Anpassungsfähigkeit nur bis zu einer gewissen Grenze. Die Tiere müssen immer noch sehr streng nach den Gesetzen der Natur leben.

Ohne Verstand würde der Mensch den vorgeschriebenen Fahrplan der Natur ebenso unbewußt einhalten und befolgen müssen wie die Tiere es tun. Der Mensch hat aber einen sehr guten Verstand, mit dessen Hilfe er bewußt wird. Dieser Verstand dient ihm als ein Spiegel, in welchem er sich selbst erkennt. Der Verstand befähigt den Menschen auch sich über die Naturgesetze hinwegzusetzen und sich Veränderungen seiner Lebensverhältnisse anzupassen. Er kann mögliche Katastrophen oder sogar unvorstellbare Entbehrungen ohne wesentlichen Schaden überleben, auch wenn er nicht essen und trinken kann, was die Natur ihm vorschreibt. Auch sein Geschlechtsleben kann er nach seinem Verstand und nach seinem Willen einrichten. Diese Anpassungsfähigkeit ist einerseits ein sehr großer Vorteil gegenüber den Tieren, beinhaltet aber gleichzeitig die ganz große Gefahr, daß der Mensch mit Hilfe seines Verstandes vom Wege der Natur abweicht und seine gesunden Instinkte verdirbt. Aus seinen gesunden Naturbedürfnissen kann er einen Selbstzweck machen und so in seinem Körper und in seiner Seele Störungen und Unordnung verursachen. Er kann sogar süchtig werden und sich so dem »Teufel«

verschreiben und versklaven. So bringt der Mensch sich selbst in die Macht Satans, in die Macht der Urschlange auf dem Baum der Erkenntnis des Guten und Bösen ...

Wir sehen auf dem Bild, daß Satan das Symbol des Verstandes und des Intellekts, das Symbol der Merkurkraft, als Geschlechtsorgan besitzt. Das bedeutet, daß Satan den Menschen über seinen Verstand beherrscht, über sein Bewußtsein in ihn hineindringt und ihn dadurch unter seinen Einfluß bringt. Ohne den Verstand des Menschen könnte Satan nicht »Satan« sein. Er würde ohne den Menschen ein unbewußtes Naturgesetz bleiben.

In der linken Hand hält Satan die zwei miteinander vereinigten Geschlechtsorgane, das positiv-männliche und das negativ-weibliche. Auf dem rechten Arm steht die Aufschrift SOLVE, das heißt LÖSE. Auf dem linken Arm steht COAGULA. Das heißt VEREINIGE. – Was löst er und was vereinigt er?

Auch wissenschaftlich wurde festgestellt, was die Vedantaphilosophie schon vor Jahrtausenden behauptete, daß der Mensch vor Urzeiten beide Geschlechter in sich getragen hat. Er war ein Wesen, in welchem beide Geschlechter beisammen waren. Der Mensch war also androgyn wie ein Engel. Wir stellen uns die Engel deshalb so vor, weil alle religiösen Traditionen – in Europa und in Asien, bei den Rothäuten in Amerika und bei den Negern in Afrika – uns überliefern, daß die Engel beide Geschlechter in sich haben, also androgyn sind. Und vielleicht entsprechen diese übereinstimmenden Überlieferungen doch der Wahrheit, wenn auch nicht in solch naiver Form, wie die Religionen es darstellen. Die zweigeschlechtlichen Wesen haben nichts zu tun mit den Hermaphroditen, – der Name ist aus Hermes und Aphrodite zusammengesetzt –, die *weder* Mann *noch* Weib sind. Das androgyne Wesen ist Mann und Frau in einer Person. – Die Bibel, die uns als eine der ältesten Überlieferungen von der Schöpfung und der Entwicklung der Menschheit berichtet, sagt ebenfalls, daß der Mensch einst doppelgeschlechtlich war. Denn Adam, der die Urform der Menschheit in einem

Wesen personifiziert, trug am Anfang beide Geschlechter in sich, und Eva erscheint erst dann, als Gott sie aus dem Körper Adams heraushebt. Die Bibel erzählt, wie Gott Adam in tiefen Schlaf fallen ließ, ihm eine Rippe herausnahm und aus dieser die Frau, die Eva formte. Die Bibel beschreibt also dieselbe Entwicklung, die heute auch die Wissenschaft behauptet, wenn auch diese Entwicklung nicht so einfach und in kurzer Zeit, sondern vielleicht während Jahrmillionen geschehen ist. Satan, das Gesetz der Materie, hat die zwei Geschlechter voneinander getrennt, damit Nachkommenschaft gezeugt und geboren werden kann und hat aus jedem Geschlecht ein selbständiges Wesen gemacht. Er hat also die zwei Geschlechter voneinander GELÖST, – SOLVE! Dann hat er sie aber in einem äußerlich erlebten Geschlechtsakt wieder körperlich VEREINIGT, – COAGULA. Die beiden Geschlechter sind aber im Geschlechtsakt nur für kurze Zeit zusammen. Nach der körperlichen Einheit müssen sie auseinanderfallen und ihr körperliches Dasein wieder selbständig, von der anderen Hälfte getrennt, weiterleben. Es findet sich in verschiedenen Religionen die These und auch die Wissenschaft behauptet es, daß die zwei Wesen, die einmal nur *ein* zweigeschlechtliches Wesen waren und durch die einseitige Verschiebung der Geschlechter voneinander getrennt wurden, einander auch jetzt und immer noch im irdischen Leben suchen. Die beiden fühlen noch immer ihre Zusammengehörigkeit und sie tragen die Sehnsucht immer noch in sich, wieder eins zu werden und *ein einziges* ICH zu haben. – Beethoven, das titanische Genie, schreibt an seine unerreichbare Geliebte Therese Brunswieck: »Oh, Du mein Engel, mein Alles, mein ›ICH‹ . . .«

Satan, das Gesetz der Materie, hat also, wie es auf dem Bild zu sehen ist, die Menschen in Geschlechter getrennt und sie dann in der äußeren körperlichen Vereinigung wieder zusammengebracht. Darum hält er in seiner linken Hand beide Geschlechtsorgane vereinigt. Aber sie sind nur *im Körper* vereinigt.

Auf dem Bild sehen wir auch noch die zwei Geschlechter in zwei menschlich-teuflischen Gestalten personifiziert: Einen kleinen männlichen und einen kleinen weiblichen Teufel. Sie sind an den Sockel, auf dem der Teufel steht, mit einem dicken Strick angebunden. Sie sind getrennt voneinander, – ja *gelöst,* wie die Aufschrift sagt – SOLVE –, aber gleichzeitig auch ewig aneinandergekettet durch die *innere Identität im Geiste,* die sich als körperlich-sexueller Wunsch und als körperlich-sexuelle Kraft manifestiert. Die Aufschrift auf dem linken Arm sagt es: COAGULA – Vereinige. So können sie nicht miteinander, aber auch nicht ohne einander leben. Das ist aber nicht so plötzlich gekommen, daß der Mensch das so klar sieht und daß er sich dessen bewußt ist. Das wurde schon lange, besonders auf der Bewußtseinsstufe der Tarotkarte 6, vorbereitet, auf welcher er zwischen dem richtigen und unrichtigen Weg wählen mußte. Dann ging die Entwicklung in ihm auf der neunten Stufe weiter, auf welcher er sich schon vom weltlichen Leben zurückgezogen und wie ein Einsiedler die innere Welt und das innere Leben kennengelernt hat. Zudem hat er die wahre Liebe, die Selbstlosigkeit, auf der elften Stufe kennengelernt. Auf der zwölften Stufe lernte er über alles umgekehrt zu denken als die Alltagsmenschen. Weiter hat er den mystischen Tod erlebt und er hat auch schon die Umwandlung der negativen in positive Kräfte gelernt und erfahren. Nun mußte es kommen, daß er auch die sexuelle Kraft in schöpferische Kraft umwandeln kann. Seelisch war er schon darauf vorbereitet. Als er den mystischen Tod erlebte, tauchten in ihm die Erinnerungen an sein ganzes Leben auf. Und er mußte einsehen, daß ihn die sexuelle Kraft eigentlich betrogen hatte. Er hatte das Glück in der körperlichen Vereinigung erwartet, es aber dabei nie gefunden. Denn die körperliche Befriedigung war noch weit weg vom Glück und von der erwarteten Erfüllung. In dem Augenblick, in welchem er glaubte, daß er die vollkommene Erfüllung in der körperlichen Einheit erreichen wird, war die ganze Spannung wie ein Feuerwerk aufgeflammt, aber gleichzeitig auch schon ausgebrannt und ausgelöscht. Er konnte es nie fixieren, nie als ein dauerndes Glücksgefühl festhalten. Es blieb immer nur eine unauslöschbare Sehnsucht nach dem Glück zurück, das er nicht bekommen hatte. Und was wird ihm bleiben, wenn er alt und unfähig dazu sein wird, die Liebe mit dem Körper zu erleben zu können? Wieder nichts, gar nichts! Und der Mensch dachte weiter nach, was er eigentlich durch die sexuelle Vereinigung erreichen wollte, wenn er doch mit dem, was er dabei bekommen hat, nicht zufrieden war? – Ja! Er hatte in seinem ganzen Leben einen Menschen, ein Wesen gesucht, das seine andere Hälfte, seine Ergänzung ist. Die Liebe ist die Offenbarung einer Kraft, die zwei sich ergänzende Hälften zwingt, sich wieder zu vereinigen. Den unbewußten Willen, sich zu vereinigen, nennt man überhaupt »Liebe«. Der Mensch sucht eine Erfüllung dieses Dranges und er denkt, daß das in einem körperlichen Einswerden möglich ist. Aber er muß einsehen, daß er das Gesuchte nie bekommen hat. Er suchte eine wirkliche Einheit, *die bleibt!* Er wollte eine Einheit, in welcher er mit dem geliebten Wesen identisch geworden ist, er wollte mit dem ICH des Anderen identisch werden. Er wollte das ICH-DU-Verhältnis vernichten, so daß er und das geliebte Wesen *ein einziges* ICH sein würden. Und das ist nicht möglich. – Warum? – Weil eben *der Körper* dazwischensteht. Ja! Das Gesetz der Materie, SATAN, steht dazwischen. Der Widerstand der Materie, des Körpers, erlaubt nicht, daß zwei Wesen, die einander lieben, in der äußeren materiellen Wirklichkeit EINS werden. Der Mensch hat den Widerspruch, diese Unmöglichkeit und Diskrepanz einsehen müssen, daß er die innere Einheit mit dem Geliebten *im Körper* erleben will und daß gerade *der Körper dieser Einheit widersteht und sie verhindert.* Warum will er dann diese körperliche Einheit? Warum sehnt er sich seit seiner Kindheit danach, seit er das erste Bewußtwerden erlebte? Er wußte, daß ihn nur die vollkommene Einheit und nicht eine nur *körperliche Offenbarung* befriedigen und selig machen kann. Und wenn das eben im Körper unmöglich ist, so will er es überhaupt nicht mehr. Die Einheit muß aber möglich sein, sonst könnte er sie nicht wünschen! Aber das kann nur in einem gewissen Zustand geschehen, in welchem ihn der Körper daran nicht hindert. Der Mensch war schon einmal in diesem Zustand, das fühlt er ganz genau, und er sehnt sich nach diesem Zustand *zurück*. Irgendwo und irgendwann war er schon darin, aber er ist herausgefallen, – ja! – Dies war *der Fall aus dem Paradies!* – Aber er muß dorthin zurück! Er muß! – Er ist *heraus*gefallen, gerade dadurch, daß er in den Körper *hinein*geboren wurde. Und wenn das so ist, so will er auf den unvollkommenen und ihn nie befriedigenden Ersatz der körperlichen Vereinigung verzichten. Er kann keine Kompromisse mehr machen. Er muß einsehen, daß der Körper diese wirkliche Einheit nicht wünschen kann, nachdem gerade er ihn daran hindert, sie zu erreichen und zu erleben. Im Geiste ist es aber möglich, den Drang nach Einheit, die wahre Liebe, zu erleben und zu verwirklichen, und der Mensch wird auf diesem Weg die Erlösung aus der Versklavung finden.

Es gelang ihm nicht sofort, so weit zu kommen. Aber auf der Bewußtseinsstufe, welche die Tarotkarte 15 darstellt, befreit der Mensch sich von dieser Versklavung. Er wandelt die Kraft, die ihn an das andere Geschlecht bindet, in ihre Urform um und braucht diese Kraft in ihrer umgewandelten, oder besser gesagt, in ihrer *zurück*gewandelten Form als schöpferische Kraft, als geistige Kraft des schöpferischen Prinzips, des Logos.

Und jetzt kehren wir zurück zum Christusstern auf der Stirne Satans. Wenn wir wissen, daß die sexuelle Kraft die Offenbarung der schöpferischen Kraft in der Materie, im Körper ist, dann verstehen wir, was Satan damit zu tun hat. Dieselbe Kraft, welche die zwei Geschlechter unten am Sockel der Teufelsfigur, in den Chakras der untersten Nervenzentren, als sexuelle Kraft zusammenkettet, wird als schöpferische Kraft, als Kraft des Christusgeistes, oben im Kopf in den höheren Nervenzentren geoffenbart. Wenn wir sublimieren können, wenn wir sexuelle Kraft wieder in schöpferische Kraft zurückverwandeln können, dann haben wir Satan mit seiner eigenen Kraft besiegt. Denn wir können diese Umwandlung nur mit Hilfe der Naturgesetze, mit der Hilfe Satans, vollbringen. Dann ist der Mensch von der Kette Satans befreit.

»Von der Gewalt die alle Wesen bindet,
Befreit der Mensch sich der sich überwindet!«

sagt Goethe. Wenn der Mensch die Tarotkarte 15 in sich erlebt, erreicht er diese Stufe; er ist kein Triebwesen, kein Geschlechtswesen mehr. Auch wenn er die andere Hälfte seines himmlischen Wesens, von welchem Satan ihn gelöst hatte, in einer irdischen Form gefunden hätte, so würde er mit dieser ergänzenden Hälfte bewußt eine beglückende geistige Einheit erleben. Denn unbewußt trug er ja doch immer seine ergänzende Hälfte tief in seiner Seele in sich. Der Animus und die Anima sind *im Geiste* eins!

Der Teufel auf dem Bild trägt beide Geschlechter in sich. *Er* braucht in sich selbst die beiden *nicht* voneinander zu lösen. Er hat einen roten Bart, also im Kopf, im Geist ist er männlich-positiv. Seine Brüste sind üppig entwickelt wie bei einer stillenden Frau, also weiblich-negativ. Sein Geschlechtsorgan ist wieder männlich, aber nicht mehr im materiellen, sondern im geistigen Sinn. Sein Geschlechtsorgan ist der Verstand des Menschen, seine Intelligenz, mit welcher er in den Menschen eindringt, von ihm Besitz ergreift und ihn durch seinen Verstand versklavt. Auf der Bewußtseinsstufe der Tarotkarte 15 hat sich der Mensch von dieser Besessenheit befreit.

Die Tarotkarte 15 trägt den Zahlenwert 60, der aus der Quersumme der Zahl 15, also aus 6 und der den unendlichen Raum symbolisierenden 0 besteht. Sie trägt den Buchstaben SAMECH.

Die Zahl 5 ist um die der Hälfte weniger als die Schöpfungszahl 10 und die Zahl 15 ist um die Hälfte mehr als die Schöpfungszahl 10. Die Zahl 15 ist deshalb mit der göttlichen Zahl 3 und mit der Christuszahl 5 teilbar. Die Multiplikation dieser zwei Zahlen ergibt 15. Die Quersumme der Zahl 15 ist 6, und wenn wir die 0 dazutun, erhalten wir die Zahl 60, den Zahlenwert dieser Karte. Die Zahl 60 ist mit 12 Zahlen teilbar, also mit dem *fünften* Teil. Sie hat die meisten Zahlenverwandten in der ganzen Zahlenreihe: 1, 2, 3, 4, 5, 6, 10, 12, 15, 20, 30, 60. Es ist nicht Zufall, daß gerade

Satan diese Zahl trägt. Er muß viele Verbindungen haben! – Es lohnt sich über diese Zahl ein bißchen nachzudenken, man versteht viele Menschen dadurch viel besser.

Der Buchstabe SAMECH stellt eine Waffe dar. Diese Waffe muß der Mensch auf dieser Bewußtseinsstufe erobern und in seinen Besitz bekommen, um sich damit gegen jede äußere und innere Beeinflussung verteidigen und schützen zu können. Die kreisförmige Gestalt dieses Buchstabens erinnert an einen Bogen. Der geschlossene Kreis ist aber auch das bekannte Symbol der sich in ihren Schwanz beißenden Schlange. SAMECH bedeutet auch »Gegenpol« (der Geschlechter) und »Nahash« den behütenden Drachen der Schwelle.

DER VOM BLITZ GETROFFENE TURM

Zahlenwert: 70

Buchstabe: ע HAIN

Auf diesem Bild sehen wir einen festgebauten Turm, der von einem Blitz aus der Sonne – nicht aus einer Gewitterwolke – getroffen wurde. Der Blitz trifft ganz tief in den dicken Körper des Turmes, der in zwei Teile gerissen wird und dessen oberer Teil hinunterstürzt. Der Turm ist rot, was Geistigkeit bedeutet; er hat oben aber grüne und gelbe Streifen, die Menschenliebe und Intelligenz bedeuten. Der Turm trägt oben vier große Zacken. Die Zahl vier bedeutet Materie. Damit wird gezeigt, daß der Turm etwas mit dem materiellen Wesen des Menschen zu tun hat.

Der Turm hat eine Türe und drei Fenster. Zwei Fenster liegen nebeneinander, das dritte Fenster ist über den zwei anderen so eingebaut, daß die drei Fenster ein Dreieck bilden. Die Tür symbolisiert das Sonnengeflecht des Menschen. Dort wurde er bei der Zeugung mit einem magischen Band an den Körper gebunden und dort wird er beim Tod aus dem Körper wieder heraustreten. Die zwei Fenster nebeneinander sind die zwei Augen, durch welche der Mensch aus seinem materiellen Körper hinausschaut und sich mit der Außenwelt verbindet. Das obere Fenster ist das »dritte Auge«, ein Nervenzentrum, in welchem das seelische Zentrum, das die Vedantaphilosophie »Adschna Chakra« nennt, seinen Sitz hat. Durch dieses Zentrum ist der Mensch in die geistige Welt eingeschaltet; durch dieses Zentrum erreicht er eine geistige Schau.

Von dem vom Blitz getroffenen Turm fallen schwere Ziegelsteine herunter auf zwei Gestalten, die selbst vom Turm gefallen sind. Merkwürdigerweise treffen aber die Ziegelsteine nur denjenigen, der keine Krone auf dem Kopfe trägt, und dieser stürzt leblos und tot auf den Boden. Der andere Mensch hat aber sogar im Fallen seine Krone auf dem Kopf behalten. Ihn trifft kein Ziegelstein. Die Steine fallen neben ihn und er bleibt unverletzt und lebendig.

Die zwei Gestalten haben verschiedenfarbige Bekleidung. Der Tote trägt ein rotes Kleid. Auf seinem linken Arm hat er einen blauen Ärmel. Der andere mit der Krone trägt ein blaues Kleid, sein rechter Arm aber steckt in einem roten Ärmel und sein linkes Bein in einem gelben Trikot.

Die Farben der Bekleidung der zwei Menschen zeigen, daß es vergeblich ist, ob ein Mensch in seinem Wesen geistig ist; wenn er sich dessen nicht *bewußt* ist, so muß er beim Zusammensturz des Turmes sterben. Der andere Mensch hat das Schicksal mit vollem Glauben an Gott über sich ergehen lassen; aber weil er alle Prüfungen vollkommen *bewußt* durchgemacht hat, – die Krone bedeutet sein Bewußtsein –, überlebte er den Sturz und blieb vollkommen unverletzt.

Auf dem Bild sehen wir noch 16 bunte Kugeln, welche die Zahl 16, die Zahl dieser Tarotkarte darstellen.

Dieses Bild zeigt ein Ereignis im Leben des Menschen, das ein jeder, der auf dem Weg, das große Ziel zu erreichen, weiterwandert, einmal erleben muß.

Die Bewußtseinsstufen, die er bisher erlebt hat, haben sich in seiner inneren Welt abgespielt. Draußen, in der Außenwelt, haben seine Freunde und vielleicht selbst seine engsten Angehörigen nichts davon bemerkt. Jetzt aber geschieht etwas mit ihm, das in sein äußeres Schicksal tief hineingreift und sein ganzes äußeres Leben in Frage stellt. Wie das geschieht ist bei jedem Menschen verschieden und hängt davon ab, in welcher Umgebung, in welcher Familie, in welchem Land er lebt und welchen Beruf er hat. Manche, die in einem Land leben, in welchem der Krieg wütete oder noch heute wütet, haben erlebt, daß alles um den Menschen herum zusammenstürzt. Er verliert seine Existenz und seine ganze Familie wird vielleicht wie durch eine Explosion aufgewühlt und auf der ganzen Erde verstreut. Er verliert seine materiellen Güter und seine Freunde. Er ist vernichtet. Er muß sich ganz auf sich selbst stützen und die Hilfe nur bei sich suchen, da ihm sonst nichts mehr geblieben ist. Er muß ein ganz neues Leben aufbauen. – In den vergangenen und in den jetzigen Kriegen haben Millionen von Menschen das, was diese Karte symbolisiert, erlebt. Die Unbewußten sind seelisch gefallen und können nie mehr aufstehen, sich erholen und weitergehen, wenn auch ihr Körper am Leben blieb. Sie bleiben vernichtete Menschen wie der Tote auf dem Bild.

Manche aber, die schon so weit sind, daß sie keine »Person«, keine unbewußten Sklaven ihrer Triebe, sondern in ihrem Selbst, in ihrem Geist bewußt sind, – die die Krone auf dem Kopf behalten konnten, – die werden ein ganz neues Leben anfangen und aufbauen können. Diese haben nichts verloren, nur gewonnen.

Auch wenn ein Mensch im äußeren Leben keinen Krieg miterlebt hat, kommt in seinem Leben einmal der Moment – und bei denen, die auf dem großen Weg bewußt weitergehen, ganz bestimmt – in welchem mit ihm etwas passiert, das ihn vernichtet, das seinen Glauben, seine innere Sicherheit wegzunehmen droht. Dann muß er alle seine inneren Kräfte mit äußerster Anstrengung zusammenfassen, damit er nicht fällt, damit er auf seinen Füßen stehen bleibt. Die Geschehnisse können sehr verschieden sein. Es kann vorkommen, daß jemand das allerliebste Wesen, mit dem er in der Seele zusammengewachsen war, verliert. Aber der im Geiste bewußte Mensch weiß, daß es keinen Tod gibt, sondern nur ewiges Leben, und daß er nur die Geduld haben muß, zu warten, bis die Zeit auf der kosmischen Uhr abgelaufen ist und auch ihm die Stunde schlägt, dem

Geliebten nachgehen zu können. Bis dahin hat er dieses geliebte Wesen nicht verloren, denn er bleibt mit ihm im Geiste immer verbunden. So bricht er nicht zusammen, sondern bleibt auf seinen Füßen stehen.

Ein anderer erlebt diese Vernichtung vielleicht in führender Position oder in untergeordneter Stellung an seinem Arbeitsplatz. Es kann vorkommen, daß man ihn angreift, daß man an seiner Ehrlichkeit zweifelt oder daß er unschuldig Vorwürfe und Beschuldigungen erdulden muß und sich dagegen nicht einmal verteidigen kann. Manche werden durch ihre mißratenen Kinder, andere wieder durch einen unwürdigen Vater oder eine unwürdige Mutter unmöglich gemacht und ihr ehrlicher Name wird dadurch befleckt. Die Möglichkeiten, durch die Menschen in den Grundfesten ihrer Existenz erschüttert werden, sind so zahlreich, daß man sie nicht alle aufzählen kann. Bei jedem Menschen nützt das Schicksal seine persönliche Lage und seine persönlichen Möglichkeiten aus, wo und wann man ihn am allerschwersten treffen und vernichten kann. Die Menschen aber, die schon den mystischen Tod erlebt haben, die schon ihrem Schicksal, wie die Sphinx, überlegen sind und es wie das Schicksal eines anderen betrachten, die schon wissen, daß man nur dem Körper, nie aber dem Geist schaden kann, die kann man nicht vernichten. Ein solcher Mensch weiß, daß er dadurch, wie man über ihn denkt oder wie man ihn behandelt, nicht kleiner oder größer, nicht ehrlicher oder unehrlicher und nicht schöner oder häßlicher wird. Er ist wie er ist und keine Auffassung seiner Mitmenschen wird ihn ändern. Er weiß, Gott ist in ihm und auch diese Prüfung hat Gott ihm gegeben, – *darum der Blitz aus der Sonne!* – damit er etwas Wichtiges daraus lernt. Und wenn er die Prüfung bestanden hat, wird Gott ihm helfen, aus der Vernichtung heraus mit vollkommener Genugtuung, ob innerlich oder äußerlich, ein neues Leben aufzubauen und von allem Schlechten loszukommen. Wir kennen viele große Affären aus der Vergangenheit und Gegenwart, in welcher unschuldige Menschen angegriffen, angeklagt, verurteilt, eingekerkert, deportiert und sogar hingerichtet worden sind. Aber den bewußten, überlegenen Menschen konnte man in seinem Wesen nie vernichten, nicht einmal unter dem Galgen.

Als Alexander der Große mit seiner Armee in Indien war, begegnete er dort einem ganz großen Yogi. Er sprach mit dem Yogi und dieser gefiel Alexander sehr. So wollte er den Yogi mit sich nach Mazedonien nehmen. Der Yogi wollte aber nicht mit ihm gehen. Darauf sagte Alexander dem Yogi: »Wenn du nicht mit mir kommst, lasse ich dich töten.« Darauf lachte der Yogi und antwortete: »Du willst *mich* töten? – *Mich?* – Du siehst mich gar nicht. Du kannst nur meinen Körper töten lassen, nie aber mein Ich, das in meinem Körper wohnt und das ICH BIN.« Und Alexander war von dieser Antwort so tief beeindruckt, daß er den Yogi reich beschenken ließ und sehr nachdenklich weiterzog. So erzählt uns die Überlieferung. – Der Mensch auf dieser Bewußtseinsstufe muß sich genau so benehmen; er muß die gleiche innere Einstellung haben, wie der große Yogi sie Alexander gegenüber gehabt hat. Mit innerer Sicherheit muß er das Schicksal über sich ergehen lassen und er muß immer wissen, daß die unwissenden Menschen nur sein Schein-Ich, seine Person, nie aber sein geistiges, wahres ICH, nie sein höheres SELBST peinigen und schädigen können. Und, wenn alles vorbei ist, werden die Werte, die er in sich trägt, ihn nicht verlassen haben, sondern in der äußeren Welt wieder in Erscheinung treten. Er wird wieder den richtigen Platz im Leben einnehmen können.

Wenn der Mensch seine Krone auf dem Kopf behalten kann, dann wird er immer ein König, ein Herrscher über sein Schicksal bleiben. Er mußte aber diese Prüfung erleben, er mußte durch diese Vernichtung hindurchgehen, damit er lernt, das Unwichtige nicht vor das Wichtige, das Unwesentliche nicht vor das Wesentliche zu stellen. – »Was nützt es dir, wenn du alle Schätze der Welt gewinnst und dabei Schaden nähmest an deiner Seele.« – sagt uns Christus. Wenn wir aber unsere Seele nicht verlieren, dann können wir alles andere verlieren und wir werden trotzdem ALLES haben.

Diese Vernichtung in der Außenwelt verursachen die Alltagsmenschen, welche die Krone nicht auf dem Kopf tragen, selbst, wenn auch ganz unbewußt. Besonders die Menschen, die für andere und für sich selbst nur das Schlechte prophezeien und erwarten, aber auch solche, die darüber nicht sprechen, jedoch eine ständige Angst in sich tragen, verursachen durch viele kleinere oder größere Handlungen, daß das Schicksal gerade sie in eine Situation hineindrängt, in welcher sie dann diese Vernichtung erleben müssen. Sie fühlen unbewußt, daß sie von der ständigen Angst und von den falschen Vorstellungen nur so befreit werden können, indem sie das Schlechte, wovor sie ständig Angst haben, in Wirklichkeit erleben. Dann sehen sie plötzlich, daß sie überhaupt keinen Grund gehabt haben vor irgend etwas, – meist wissen die Menschen gar nicht wovor – Angst zu haben. Das größte Übel unserer heutigen Zeit ist die Angst. Die Menschen haben Angst vor Krieg, sie haben Angst vor den Nachbarländern, also machen sie Kriege. Sie haben Angst vor dem Elend, sie haben Angst, den Ehepartner, ein Kind oder einen geliebten Menschen zu verlieren. Sie haben Angst vor Krankheiten, vor Unfällen und vor der allgemeinen Zerstörung durch die Atombombe, – und schließlich sind es viele, die *Angst haben vor der Angst!*

Es sind aber doch einige wenige, die keine Angst haben, die die Überzeugung im Bewußtsein tragen, daß es eine höhere Macht gibt als die Macht der Menschen, und daß diese Macht uns immer das gibt, was für uns *das beste ist*. Wenn also eine Zerstörung kommen würde, könnte sie sowohl im Menschen wie in der Außenwelt *nur die Scheinwerte*, nie aber die echten, wirklichen Werte vernichten. Diese wenigen brauchen darum die Erfahrung der Vernichtung nicht wie sie die Angsterfüllten brauchen.

Sie suchen und verursachen die Vernichtung nicht, weder bewußt noch unbewußt. Und wenn sie die Vernichtung äußerlich erleben müssen, fühlen sie sich gar nicht vernichtet. Sie wissen schon, daß das Leben selbst nie zerstört und vernichtet werden kann. Das Leben überlebt alles. Nicht einmal die Materie kann man vernichten, denn die Materie eines durch Bomben oder durch Naturkatastrophen zerstörten Hauses liegt dort herum, wo früher das Haus stand, und nur die Form, die aus dieser Materie erbaut wurde, ist in rohe formlose Materie verwandelt worden. Die materielle Welt bezieht ihr Leben auch vom LEBEN. Die Zerstörung verursacht nur, daß die Materie formlos wird und daß das LEBEN, das sich aus der Materie befreit hat, in das große universelle ewige LEBEN, in GOTT zurückkehrt.

Menschen, die diese totale Vernichtung, welche die Tarotkarte 16 symbolisiert, erlebt haben, verfügen über eine unerschütterliche absolute Sicherheit, ein absolutes Vertrauen in sich selbst, in das ewige Leben, in GOTT.

Die Tarotkarte 16 trägt den Zahlenwert 70, der aus der Quersumme der Zahl 16 und aus der den unendlichen Raum symbolisierenden 0 besteht, und sie trägt den Buchstaben HAIN.

Die Zahl 16 besteht aus viermal vier, wodurch sich ausdrückt, daß die Materie sich gegen die Materie auflehnt. Die Zahl 4 ist die Zahl der Materie. Wenn wir aber viermal vier nehmen, bekommen wir die ultramaterialisierte Materie, was schon Zerstörung bedeutet. Ultramaterie ist Haß, Vernichtung und Zerstörung.

Die Quersumme der Zahl 16 ist 7, also wieder die Schlüsselzahl der materiellen Ebene, der dreidimensionalen Welt. Mit der 0 vereinigt erhalten wir siebenmal die Zahl der vollendeten Schöpfung, also $7 \times 10 = 70$. Dies ist ein Versprechen, daß aus den Trümmern ein neues, höheres Leben beginnen wird.

Der Buchstabe HAIN entspricht dem Namen Hazad, der soviel bedeutet wie der »Starke« und der »Tapfere«. Wer stark und tapfer und bewußt ist, den wird nichts vernichten können. Diese Karte bedeutet, daß der heilige Geist wie ein Gott der Materie handelt: »Göttliche Zerstörung«, die auch und immer zum Leben führt. Dies entspricht in der Hindu-Mythologie dem Gott Shiva, Gott der Zerstörung und Lebenserneuerung durch die Zerstörung.

140

DIE STERNE

Zahlenwert: 80

Buchstabe: פ PHE

Auf dem Bild sehen wir unsere schöne Himmelskönigin wieder. Sie hat aber jetzt keine Attribute mehr; sie trägt keine Krone auf dem Kopf, keine Flügel an den Schultern, keine goldene Kette um den Hals, kein Zepter in der Hand, keine Kleider auf dem Körper und keine Schuhe an ihren schönen Füßen. Die Haare sind offen, natürliche Locken bedecken die Schultern und den Rücken. Sie ist vollkommen nackt, so wie Gott sie geschaffen hat.

Sie befindet sich auf einer schönen Wiese in einer schönen Landschaft. Sie kniet auf ihrem linken Knie, den rechten Fuß stellt sie vor sich auf das Gras.

Sie hat dieselben zwei Krüge in der Hand, die sie schon als personifizierte AUSGEWOGENHEIT für die Umwandlung der beiden Kräfte in der Hand gehalten hat. Damals hat sie die zwei Ströme des Lebens aus dem einen Krug in den anderen gegossen. Jetzt gießt sie den positiven Strom aus dem goldenen Krug, den sie in ihrer rechten Hand hält in einen Fluß; aus dem anderen, silbernen Krug, den sie in ihrer linken Hand hält, gießt sie den negativen Strom zuerst aufs feste Land, auf die Erde, um diese aufzuweichen, dann fließt auch dieser in den Fluß, in welchem das Wasser zu allen Lebewesen hinfließt, damit sie davon trinken können. Dieses Wasser ist das Wasser der universellen Liebe, das Lebenswasser.

Rechts neben ihr auf der Wiese sehen wir wieder die Blume, die wir schon auf drei Bildern gesehen haben; zum ersten Mal auf dem Bilde des Magiers, – dort war es noch eine geschlossene Knospe, – dann auf dem Bilde des Himmelskönigs, – dort war sie halb geöffnet, dann auf dem Bilde der »Ausgewogenheit«, wo sie das Lebenswasser erwartete, um ganz aufblühen zu können. Jetzt ist sie ganz geöffnet, vollkommen aufgeblüht und entfaltet. Sie zeigt ihr innerstes Wesen, alle Schätze die sie hat, sie hält nichts mehr verborgen. Ein blauer Schmetterling sitzt im Kelch der Blume und trinkt deren Nektar.

Im Hintergrund sehen wir am Himmel acht Sterne verschiedener Größe. Der kleinste blaue Stern befindet sich über dem Kopf der schönen Frau. Vier mittelgroße gelbe Sterne stehen im Quadrat. Zwei größere blaue Sterne stehen einander gegenüber. Alle diese Sterne haben acht spitzige Zacken. Der achte Stern besteht aber aus zwei achtzackigen Sternen. Der obere größere Stern ist gelb, der kleinere, welcher sich unter den größeren befindet, ist blau.

Wenn wir die Erklärungen der Karten aufmerksam verfolgt haben, werden wir schon erraten, daß diese schöne nackte Frau die Seele des Menschen symbolisiert. Nach dem furchtbaren Zusammenbruch seiner Persönlichkeit hat der Mensch die letzten äußeren Hüllen und Masken weggeworfen. Es ist von ihm nichts anderes geblieben als nur das, was er in der absoluten Wirklichkeit ist, ER SELBST. Nackt, ohne Verschleierung, so wie Gott seine Seele geschaffen hat, ein lebendiger Geist in seinem wahren höheren Selbst. Er besitzt nichts mehr, denn was er als irdischer Mensch besitzt, gehört ihm nicht, sondern er gebraucht es nur. Und wenn er auch die zwei Ströme des Lebenswassers noch nicht besitzt, kann er sie doch schon beherrschen und lenken. Er gießt diese zwei großen Ströme, den positiven und den negativen Strom, aus dem goldenen und aus dem silbernen Krug in den großen Lebensstrom, woraus dann alle Menschen trinken können. Er braucht nichts mehr für sich zu behalten; er gießt die zwei Ströme nicht mehr für sich von einem Krug in den anderen, wie er es auf der Tarotkarte 14 als »Ausgewogenheit« getan hat, sondern er gibt alle Schätze und die Wahrheit über die zwei Lebensströme, die er während der langen Wanderung auf dem großen Weg gefunden hat, weiter an die Mitmenschen, damit diese mit Hilfe dieser Geheimnisse rascher vorwärtskommen. Dort wo es nötig ist gibt er positiv-männliche Kräfte: er ermutigt die Verzagenden und hilft ihnen im Kampfe des Lebens weiterzukommen und weiterzukämpfen bis zum Siege. Wo es nötig ist gibt er negativ-weibliche Kräfte: er gibt Zärtlichkeit und Trost, Verständnis und Liebe. Seine Krüge sind unerschöpflich. Je mehr Mut und Kraft, je mehr Verständnis und Liebe er gibt, desto kräftiger und ausgiebiger strömen diese aus der Quelle seiner »Krüge«, – aus seinem Herzen.

Die Blume seiner Seele, seines Bewußtseins, hat sich geöffnet. Er hat in sich alles bewußt gemacht, in seinem Unbewußten hat er nichts mehr, das heißt, daß er *kein Unbewußtes mehr hat.* Er hat sich selbst kennengelernt und er offenbart alle Schätze, die Gott ihm gegeben und die er gefunden hat. Und die höheren Wesen der Schöpfung kommen von den höheren Welten herunter und lassen sich in seiner offenen Seele nieder, wie die Schmetterlinge von oben aus dem hohen Himmel auf die offene Blume heruntersteigen und aus ihrem Kelch Nektar trinken. Der Schmetterling bedeutet also eine enge innere Verbindung mit den höheren Welten. Wie die Engel Gottes zu Jakob beim Brunnen in der Wüste herunterstiegen, so verkehrt der Mensch in diesem hohen Zustand in seinem tiefsten Inneren mit den Wesen der höheren Welten, mit den Geistern Gottes. Wenn er unter den alltäglichen Menschen noch so allein ist und sich wie Jakob in der Wüste fühlt, ist er doch wie Jakob am Brunnen des Lebensquells. Er trinkt daraus und fühlt sich nie allein. GOTT ist immer bei ihm.

Der Mensch hat auf dieser Bewußtseinsstufe keinen anderen Gedanken, keinen anderen Wunsch mehr, als nur am großen Werk, an der Erlösung der Erde mitzuwirken. Für ihn ist dies kein Opfer, keine Entsagung, denn es macht ihm eine ganz große Freude, wenn er sieht, daß auch jene, die bisher in der Finsternis umherirrten, ihm folgen und vorwärtskommen. Es macht ihm Freude und gibt ihm Genugtuung, wenn er erfährt, daß seine Nachfolger schon das Wesentliche im Leben erkennen und es nicht hinter das Unwesentliche zurückstellen. Er freut sich, wenn er sieht, daß seine Mitmenschen seine wegweisenden Ratschläge befolgen und sich ohne Sorgen, mit tiefem Gottesglauben, in das große Ganze wie winzige Moleküle einfügen, Gotteskinder werden, um, wie Christus zu seinen Jüngern sagte, das Salz der Erde zu werden.

Der Mensch auf der Stufe, welche die Tarotkarte 17 symbolisiert, steht wie ein leuchtender Stern am finsteren Himmel. Wie die Sterne in der Nacht leuchten, weil sie das Licht der Sonne zurückstrahlen, so gibt der Mensch das Licht, das er von Gott erhält, weiter. Er strahlt Liebe und Licht auf jeden, der mit ihm in Berührung kommt, und er leuchtet wie ein Stern mit seiner Weisheit und mit seinem tiefen Gottesglauben. Wir sehen auf dem Bild vier gelbe Sterne im Quadrat stehen. Das Quadrat ist immer das Symbol der Materie. Der Mensch strahlt also seine Weisheit in die materielle Welt aus. Er belehrt seine Mitmenschen über die tiefen Geheimnisse der Schöpfung und des menschlichen Wesens. Er erklärt verstandesmäßig die Gesetze des Lebens und des Schicksals; er will auf die Menschen durch den Verstand wirken.

Über dem Kopf der Gestalt schwebt ein kleinerer blauer Stern. Er zeigt ihr persönliches Licht, ihren andachtsvollen Gottesglauben. Sie kann nie niedrige, gemeine Gedanken haben und sich auch nicht mit gemeinen oder obszönen Dingen beschäftigen. Denn ihre Person ist geläutert, sie strahlt Reinheit und Sauberkeit aus. Die zwei größeren Sterne, die etwas höher stehen als der kleine blaue Stern, symbolisieren in ihrer schönen Farbe die höheren seelischen Kräfte, die Reinheit und Hingabe an Gott darstellen. Der viel größere Doppelstern, oben in der Mitte, besteht aus einem gelben und einem grünen Stern.

Der gelbe Stern ist größer als der grüne, der hinter dem gelben steht. Dieser Stern symbolisiert das höhere Selbst, den Geist des Menschen, der sich auf dem Hintergrund durch Weisheit und hohe Intelligenz und auch durch Hingabe an Gott offenbart. Der Geist des Menschen strahlt wie ein heller Stern durch seine Person, durch seine Seele und gibt Licht um ihn herum, wo er sich auch befindet. Wie der Stern in der Finsternis der heiligen Nacht den drei Königen des Orients den Weg zur Geburt des Erlösers zeigte, so strahlt und leuchtet der Mensch auf dieser Stufe und zeigt für jedes Lebewesen den Weg zur Erlösung.

Die Tarotkarte 17 trägt den Zahlenwert 80, die aus der Quersumme der Zahl 17 und aus der den unendlichen Raum symbolisierenden 0 zusammengesetzt ist. Sie trägt den Buchstaben PHE.

Die Zahl 17 ist durch keine andere Zahl teilbar als nur durch die Zahl 1 und durch sich selbst. Sie ist also eine Primzahl, die immer Isolation bedeutet. Es ist ein Hinweis, daß der Mensch sich auf dieser Stufe von der Welt immer mehr isoliert. Unpersönlich, geistig, ist er offen für jedermann; er gibt seine Erkenntnisse einem jeden. Aber über seine eigenen persönlichen Angelegenheiten schweigt er; er findet diese auch für sich selbst überhaupt nicht mehr interessant, noch weniger will er damit andere Menschen belasten. Der Zahlenwert 80 zeigt, daß er selbst schon in das »Unendliche«, die liegende Acht, eingeschaltet und mit der 0 verbunden ist, – die Zahl 80 ist durch 8 Zahlen teilbar, – und mit vielen Menschen *innere* Verbindung hat. Er ist also nur in der Person isoliert, – wie die Zahl 17, – hat aber eine innere, geistige Verbindung mit den Menschen, Zahlenwert 80. Die Mündungen der zusammengestellten beiden Krüge ergeben das Symbol der Unendlichkeit, die waagerecht liegende 8, also ∞. Diese haben wir schon auf dem Kopf des Magiers auf der Tarotkarte 1 und auf dem Kopf der »Liebe«, auf der Tarotkarte 11 und auf der Tarotkarte 8 als die zwei Waagschalen gesehen.

Der Buchstabe PHE bedeutet hieroglyphisch die »Sprache«. Er ist also die Fortsetzung des Buchstabens BETH auf der Tarotkarte 2, der hieroglyphisch den »Mund« bedeutet. Dort hält die Hohepriesterin ihren Mund noch geschlossen; sie wollte die Geheimnisse des Jenseits nicht verraten und sie schwieg. Jetzt, auf dieser Karte kommt die Sprache aus dem Mund des Menschen; es kommt die »Sprache« der schöpferischen Energien aus dem Munde der zwei Krüge und wird so weitergegeben. Hier bedeutet »Sprache« die Ausbreitung der kabbalistischen »Fluida«, des Wissens.

DER MOND

Zahlenwert: 90

Buchstabe: ☽ Tsade

Auf dieser Tarotkarte dominiert die große Scheibe des Mondes, in welcher das Gesicht einer schönen Frau im Profil dargestellt ist. Das Gesicht ist lieblich, üppig, wie man sich das Gesicht einer guten Mutter vorstellt. Der Hintergrund der Mondscheibe ist blau wie der Himmel. Der hintere Teil des Kopfes besteht aus drei verschiedenfarbigen Streifen, einem blauen, einem weißen und einem gelben. Wie wir schon aus den Erklärungen der vorhergehenden Karten wissen, bedeuten der blaue Hintergrund und der blaue Streifen Andacht und Gottesglauben, der weiße Streifen Reinheit und der gelbe Streifen Klugheit, Gescheitheit und Verstand. Die Mondscheibe mit dem schönen Frauengesicht ist von achtzehn langen gelben Zacken umringt, wie die Lichtstrahlen den Mond umringen. Die achtzehn Zacken weisen auf die Zahl dieser Karte hin. Zwischen den langen gelben Zacken befinden sich noch kurze rote Zacken, die zwischen den gelben Zacken aus dem Hintergrund hervorscheinen. Die gelben Zacken sind die Verstandeskräfte, die aus dem klugen Kopf herausstrahlen, und die roten Zacken im Hintergrund bedeuten die Geistigkeit, die sich durch die Verstandeskräfte der Mondfrau offenbart. Aus den roten Lichtzacken fallen wie Blätter vom Baum verschiedenfarbige große Tropfen auf die Erde herab. Es sind gelbe, grüne und rote Tropfen. Dies bedeutet, daß von diesem Gesicht, von diesem Mondwesen Wohlwollen und Menschenliebe, aber auch Klugheit und Geistigkeit auf alle Lebewesen der Erde ausstrahlen.

Unten, auf der Erde, zeigt das Bild eine Landschaft, die in zwei Teile aufgeteilt ist. Wir fühlen, daß hier zwischen Vordergrund und Hintergrund ein großer Unterschied, eine scharfe Grenze besteht. Beim Eingang zum Hintergrund stehen rechts und links zwei große massive Türme. Wir erkennen, daß es dieselben Türme sind, von denen einer auf der Tarotkarte 16 von einem Blitz aus heiterem Himmel getroffen wurde. Hier haben die Türme aber oben nicht vier, sondern nur drei quadratförmige Zacken. Dies bedeutet also schon eine gewisse Vergeistigung des Materiellen. Beide Türme sind aus starken Ziegelsteinen gebaut und beide haben je ein Fenster. Auf dem linken Turm ist das Fenster offen; auf dem rechten ist es geschlossen*. An diesem, also am rechten Turm, sehen wir unten eine offene Türe. Diese Türe, auf den Vordergrund hinausführend, ist offen. Der Bewohner dieses Turmes ist hinausgegangen, – deshalb auch das geschlossene Fenster, – aber er ist nicht nach vorne, in die unendliche Weite, sondern nach hinten gegangen. Er mußte sich zuerst in den blauen Teich zurückziehen. Der andere Turm zeigt keine Türe, nur ein offenes Fenster. Diese zwei Türme entsprechen den zwei Säulen Salomos, der Säule »Jakim« und der Säule »Boas«, und den zwei Beinen des Logos, von welchen ein Bein auf dem Ozean, das andere auf der Erde steht.

Zwischen den beiden Türmen führt ein Weg in die Ferne, der von rechts aus dem Vordergrund kommt. Dieser Weg ist rot, es ist also ein rein geistiger Weg!

Vor den zwei Türmen befinden sich zwei Tiere. Ein weißer Hund und ein dunkelfarbener Wolf. Wir wissen schon, daß der weiße

---

* Auf dem Bild ist es infolge eines Irrtums des Künstlers nicht richtig gezeichnet.

Hund etwas Reines, der schwarze Wolf dagegen etwas teuflisch-materielles symbolisiert. Die zwei Tiere schauen hinauf zum Mond und heulen aus vollem Halse. Es sind die Hüter der Schwelle.

Im Vordergrund liegt ein großer runder blauer Teich. Darin sehen wir viele kleine Wassergräser und einen sehr großen roten Krebs. Der Teich symbolisiert die Erinnerung des Menschen, in welchem alle Geschehnisse seines ganzen Lebens drinnen ruhen, und der Krebs ist sein Geist, sein höheres Selbst, das sich in den Teich der Erinnerungen zurückzieht um die endgültige große Abrechnung zu vollbringen. Der Weg, zwischen den zwei Türmen nach innen führend, geht an diesem Teich vorbei. Man sieht, wie dieser Weg sich zwischen den zwei Türmen in Fußstapfen aufteilt, um dann später in der Weite wieder zusammenhängend zu werden.

Wir fühlen in diesem Bild eine festliche dramatische Stille. Hier und jetzt muß etwas Entscheidendes geschehen, das sich auf die ganze Zukunft des Menschen, der diese Stufe erlebt, auswirken wird. Der Mensch kommt nach allem, was er in den bisherigen Zuständen erlebt hat, zu der großen Schwelle, an der er alles Irdische *tatsächlich* und nicht nur innerlich verläßt und in die rein geistige Welt hinübergeht, wie wenn er in den Tod gehen würde. Er geht über die Schwelle zwischen Auferstehung und Leben – und Tod. Zuerst zieht er sich in die innerste Tiefe seines Wesens zurück, wo alle Erinnerungen ruhen, – wie es der Krebs in der Tiefe des Teiches tut, – und verdaut und verarbeitet alles, was mit ihm in diesem Leben geschehen ist. Er verarbeitet all das, was er mit seinen Mitmenschen erlebt und erfahren hat, er verarbeitet, was er mit seiner Familie und in seinem Beruf erlebt hat, er registriert alles und klärt alles ab. – Der Mensch verarbeitet sein ganzes irdisches Leben und wird fertig damit. Wenn er sich durch diese Entwicklungsstufe hindurchgerungen hat, wird er in seinem Inneren wie er im Augenblicke der Geburt war und wie er im Augenblicke des Todes sein wird. Er hat nichts mitgebracht und kann auch nichts mitnehmen. Als er geboren wurde war er einfach *da,* in seinem Bewußtsein hatte er weder

Eltern noch Freunde, weder Ehehälfte noch Kinder noch Enkel, er hatte überhaupt keinen Besitz, er wußte nicht, was es bedeutet, etwas zu besitzen. Für ihn war das ganze Weltall ein zusammenhängendes Ganzes, das einfach existierte und womit er noch nichts zu tun gehabt und das ihn noch in keiner Weise gebunden hatte. Diesen Zustand hat er jetzt wieder erreicht. Nichts gehört ihm persönlich, aber er selbst gehört auch niemand. Er ist frei geworden von allem, was ihn in seiner Freiheit behindert hat, wie wir im Tode frei sein werden. Er läßt alles hinter sich und tritt in die Fußstapfen der geistigen Titanen, die vor ihm denselben Pfad durchschritten haben in die Auferstehung, in die Ewigkeit. Aber zuerst muß er den Pfad betreten, der aus der irdischen Scheinwirklichkeit, von dem Teich des »In-sich-Zurückziehens« und des »Alles-Verdauens« hinausführt und zwischen den beiden Türmen hindurchgehen, falls die zwei Hüter der Schwelle ihn überhaupt hindurch- und weitergehen lassen. Dabei muß er sehr achtgeben, daß er nur in den Spuren der großen Vorfahren geht, die auch einmal durch diese Schwelle gegangen sind. Er muß diesen Großen genau folgen. Er darf nicht danebentreten, denn schon bei einem Fehltritt fällt er wieder dorthin zurück, woher er gekommen ist. Er darf nicht mehr fehltreten, da es schon auf Leben und Tod geht.

Der Durchgang ist eng. Die zwei Türme stehen nahe beieinander und zwingen den Menschen damit, durch diese Enge hindurchzugehen. Da stehen aber auch noch die zwei Tiere, die Hüter der Schwelle, die ihn nicht hindurchlassen wollen. – Wir sehen diese zwei Tiere, die manchmal drachenähnlich sind und manchmal dem Cerberus der griechischen Mythologie ähneln, vor dem Eingang der Kirchen hier wie in Asien. Wer sind diese Hüter der Schwelle? – Und warum ist der eine weiß und der andere schwarz? – Warum läßt ihn wenigstens der weiße Hund nicht hindurch, wenn er schon mit seiner Farbe zeigt, daß er etwas Reines, Seelisches und Schönes symbolisiert? Ja! Eben deshalb!

Wir erkennen in diesen zwei Tieren die zwei merkwürdigen Lebewesen auf der Tarotkarte 10, auf dem Rad des Schicksals. Dort war der Wolf noch ein Teufel; der Hund war aber schon ein Hund. Sie bedeuten den Arterhaltungs- und den Selbsterhaltungstrieb. Dort rotierten sie noch im Schicksal des Menschen, wenn er auch schon überlegen und unbeteiligt wie die Sphinx war. Aber jetzt wird er diese zwei endgültig hinter sich lassen wie der Mensch im Tode seine Triebe und Instinkte hier auf der Erde zurückläßt. Jetzt haben die beiden Tiere ihre Attribute nicht mehr. Der Wolf, der früher ein Teufel war, hat seine Neptungabel nicht mehr und dem Hund fehlt der Merkurstab. Die beiden besitzen also jetzt viel weniger Macht über den Menschen. Der Wolf, der einmal als Arterhaltungstrieb eine »teuflische« Macht über ihn gehabt hat, ist jetzt nur noch ein Tier, und auch der Hund, der bisher im Bewußtsein des Menschen als Todesangst wirkte, beide können keine Macht mehr über den Menschen haben; denn der Mensch steht schon über ihnen, wie der Mond über dieser Landschaft steht. Sie können ihn nur noch »anbellen« und »anheulen«. – Ja, das können sie noch, um ihm Angst einzujagen. Viele gehen in diese Falle, denn in dem Augenblick, in welchem der Mensch an diese Schwelle gelangt und noch im lebendigen menschlichen Körper in das rein geistige Leben hinübergehen möchte, packt ihn die Angst, daß er jetzt tatsächlich körperlich den Tod erleben und sterben könnte . . . Er schreckt zurück und fällt wieder auf diese Seite des Lebens, in den materiell-weltlichen Bewußtseinszustand. Darum mußte in den uralten Einweihungsmysterien der Kandidat zuerst die Prüfung auf Todesverachtung bestehen. Unser »Magier« aber, der schon durch alle bisherigen Bewußtseinszustände hindurchging, braucht die Prüfung der Todesverachtung nicht mehr. Er läßt sich von den Hütern der Schwelle nicht abschrecken. Er weiß, daß es keinen Tod gibt, sondern nur ewiges Leben, und er will da unbedingt hineingehen. Der Wolf bellt ihn noch an, aber *beißt* den Mutigen *nicht!* Er läßt ihn gehen. Nur den weißen Hund, der seine tierisch-seelischen Bindungen symbolisiert, muß er noch besiegen. Wenn der »Magier« schon soweit ist, daß er ganz bewußt über die Schwelle gehen und in dem Ozean des Göttlichen untertauchen will, – in diesem überwältigenden Augenblick taucht aus seinem tiefsten Inneren das Bild eines lieben Wesens, vielleicht das Bild seines Kindes auf, und dieser Gedanke genügt schon, daß der weiße Hund ihn mit diesem Trugbild zurückhalten kann. Er will ihn bei der Liebe, – bei der persönlichen Liebe, – packen! Aber nein! Wenn er sich auch von allen jenen, die er persönlich noch immer tief liebt, wegreißt, so weiß der Magier doch, daß er diese niemals verlieren kann, sondern in der geistigen Welt nur noch näher zu ihnen kommen wird. Er wird nicht nur mit diesen geliebten Wesen, sondern mit dem ganzen All, das auch diese umfaßt, in Gott vollkommen vereint, in einer göttlichen EINHEIT *Eins* werden. Und er geht mit seinem Bewußtsein mutig weiter in den Fußstapfen der ganz GROSSEN, – in die unendliche Weite, in die Unsterblichkeit, in die Ewigkeit hinein. Er überschreitet die Schwelle, ihn kann nichts mehr betäuben, kein Trugbild kann ihn zurückhalten. Er geht in seinem Bewußtsein durch die Pforte des Todes, um auf der anderen Seite die langersehnte Erlösung zu finden.

In einer gesegneten Meditation kann der Mensch all dies erleben. In diesem Bewußtseinszustand steht er über allem, wie der Mond über der Erde steht. Und so wie auf diesem Bild der Krebs sich in den Teich zurückzieht, so zieht der Mensch sich in der Meditation in sich bis zu seinem göttlichen Selbst zurück. Und wie der Mond im dunklen Himmel das Licht der Sonne auf die Erde wie ein Spiegel zurückstrahlt, so strahlt jetzt der Mensch das Licht Gottes auf die ganze Erde, auf jedes Lebewesen, auf jede Pflanze, auf jedes Tier und auf jeden Menschen aus. Er fühlt keinen Unterschied mehr zwischen Menschen, an die ihn irdische Blutsverwandschaft bindet und denen, mit welchen er eine rein geistige Verbindung hat. Er sieht klar, daß alle Blutsverwandtschaft eine rein tierische, rein körperliche Verbindung ist. Wenn hinter dieser Blutsverwandtschaft keine geistige Verbindung steht, ist er nicht mehr mit seinen Verwandten

verbunden als mit allen anderen Lebewesen auf der Erde. Alle Bluts-
bande fallen im Tode mit dem Körper zusammen ab und es bleibt
nur die geistige Verbindung in GOTT. Der Mensch fühlt dann, wie
er in GOTT mit allem was lebt eine innere Verbindung hat, daß er
mit dem ganzen lebenden Weltall in einem ICH-BEWUSSTSEIN steht, –
daß er von den Früchten des LEBENSBAUMS essen kann und ißt!

Eine altjüdische Fabel erzählt uns: Ein Mensch fragte seinen Mit-
bürger: »Wen liebst du mehr, deinen Bruder oder deinen Freund?«
Und der andere antwortete: »Ich liebe meinen Bruder, wenn er mein
Freund geworden ist.« Nicht die Blutsverwandtschaft, sondern die
geistige Einheit ist wesentlich!

Der Mensch überschreitet auf dieser Bewußtseinsstufe die Schwelle
zwischen Leben und Tod, vom irdischen Standpunkt aus gesehen.
Aber vom geistigen Standpunkt aus gesehen ist diese Schwelle die
Grenze zwischen *Tod und Leben.* Die irdische Geburt in die Materie
bedeutete für den Geist den Tod, aber die Geburt in die geistige
Welt, in die geistige *Heimat,* bedeutet dem Geist die Auferstehung
und das ewige Leben, – dem irdischen Bewußtsein aber den Tod.
Aus der in zwei Teile getrennten Landschaft der Tarotkarte 18 bedeutet von der irdischen Seite aus gesehen der Vordergrund das
Leben und der Hintergrund den Tod. Von der geistigen Seite aus
gesehen bedeutet aber der Vordergrund den Tod und der Hintergrund die Auferstehung und das ewige Leben in GOTT! – Der »Magier«, der jetzt hier hindurchgeht, sieht bereits seit der Tarotkarte 12
alles *umgekehrt!*

Der diese Schwelle überschreitende Mensch verschwindet geistig vor
den Augen der irdischen Menschen. Seinen Körper sehen sie noch,
aber sein inneres Wesen wird immer unsichtbarer und unbegreif-
licher. Es verschwindet auf dem Wege in die Unendlichkeit, in die
Ewigkeit. Er sieht jetzt alles nicht nur umgekehrt, sondern er sieht
in allem Irdischen das Vergängliche, er schätzt aber nur das Bleibende, das Unvergängliche, das Ewige. Und er sieht auch hinter allen
irdischen Formen, ob Pflanze, Tier oder Mensch nur das Bleibende,

das Absolute, das Ewige, das sich nur durch die irdische Form manifestiert. In jeder irdischen Form sieht er schon das Zukünftige, als ob es jetzt schon da wäre, – die Vergänglichkeit, die ewigen Änderungen und das Verschwinden von allem was Form ist, wieder dorthin, woher es gekommen ist: in Gott. Und er sieht auch bei seinem eigenen irdischen Körper die Änderungen, die Vergänglichkeit und das kommende Erlöschen und Verschwinden von der irdischen Ebene. Aber er weiß jetzt, daß sein wahres Wesen, sein ICH, sein SELBST, mit der Vergänglichkeit nichts zu tun hat, denn sein wahres SELBST ist ewig, wie GOTT ewig ist.

Die Tarotkarte 18 trägt den Zahlenwert 90, der aus der Quersumme der Zahl 18 und aus der den unendlichen Raum symbolisierenden 0 besteht. Sie trägt den Buchstaben TSADE.

Die Zahl 18 besteht aus der göttlichen Zahl 1 und aus der Zahl 8. Die Zahl 8 ist das Fallen des Geistigen in die Materie, also die Widerspiegelung und der Kreislauf des Unendlichen aus dem Geistigen in das Materielle und wieder zurück aus der Materie in das Geistige, in die Unendlichkeit hinein. Durch den Anblick des Staubbachfalls im Lauterbrunner Tal angeregt, erfühlt Goethe:

> Des Menschen Seele gleicht dem Wasser:
> Vom Himmel kommt es, zum Himmel steigt es.
> Und wieder nieder zur Erde muß es,
> Ewig wechselnd.

Der freie Geist wird in diesem endlosen Kreislauf gefangen, was für ihn den Tod bedeutet. Wenn man aber die Zahl 8 zur göttlichen Zahl 1 addiert und so die Quersumme dieser Zahl erhält, entsteht die Zahl des absolut Anpassenden und Anschmiegenden, die Zahl 9. Auf dieser Stufe erhält aber jede Tarotkarte, also jede Zahl, die die Unendlichkeit symbolisierende 0, und so ergeben die beiden die Zahl 90. Über die Zahl 9 wurde schon bei der Beschreibung der Tarotkarte 9 gesprochen. Es wurde gezeigt, daß die Zahl 9 das »Sich-selbst-Aufgeben« und das »Sich-in-den-Hintergrund-Stellen« bedeutet. Diese Zahl bleibt immer sie selbst, sie ändert sich nicht, was auch für Manipulationen mit ihr gemacht werden, sie bleibt immer 9 und auch ihre Anpassungsfähigkeit bleibt immer unveränderlich. Mit der 0 wird die Zahl 9 nicht mehr die Anpassungsfähigkeit an die *irdischen* Mächte bedeuten, sondern als die Zahl 90 wird sie ein vollkommenes sich selbst aufgebendes und sich anpassendes *Werkzeug Gottes*.

Der Buchstabe Tsade bezeichnet eine Grenze, ein Ende, ein Ziel. Tsade ist ein Schlußzeichen, das sich auf alle Ideen der Begrenzung und Loslösung von Teilung und Ziel bezieht. Hier bedeutet dieser Buchstabe die Grenze zwischen Leben und Tod, – und Tod und Leben. – Als Hieroglyphe bezeichnet der Tsade ein Wasser, in dem Elementarwesen, – die Nymphen und Tritonen, – wohnen. Symbolisch ist es das von »Lebewesen«, von *lebendigen Erfahrungen* wimmelnde Wasser des sich offenbarenden, also *bewußt werdenden Unbewußten*. Als Buchstabe korrespondiert der Tsade mit dem Buchstaben Teth, Zahl 9, des Eremiten. Tsade drückt hieroglyphisch dieselbe Idee aus wie der Buchstabe Teth, etwas was den Menschen schützt wie ein Dach im Regen, wo der Mensch sich hinretten kann; also seine Schutzengel.

DIE SONNE

Zahlenwert: 100

Buchstabe: ‫ק‬ Cорн

Wir sehen auf diesem Bilde wieder die zwei sich gegenüberstehenden Pole, die sich auch durch die zwei Geschlechter offenbaren und die wir schon mehrmals auf verschiedenen Karten gesehen haben. Einmal auf der Tarotkarte 5, wo die zwei Geschlechter vor dem Hohepriester nebeneinander kniend dargestellt waren; dann auf der Tarotkarte 15, wo sie als zwei kleine Teufel, – ein männlicher und ein weiblicher, – an das Postament des Satans gekettet waren. Auf der fünften Karte waren beide in Kleider gehüllt und waren auch, wenn sie einander berührten, doch ganz selbständige freie Wesen. Auf der Tarotkarte 15 waren sie aber schon nackt, sie zeigten ihr wahres Wesen und sie waren an einem eisernen Ring, der am Postament des Satans befestigt war, mit einem starken Strick angebunden. Damals waren sie noch nackte Sklaven des Satans.

Jetzt stehen die beiden wieder da als zwei junge schöne wie erlöste Menschen. Sie sind nur mit einem Lendentuch bekleidet. Wie sie auf der fünfzehnten Karte ihr wahres Wesen nackt gezeigt haben, – damals waren sie noch in der Versklavung durch Satan teuflisch, – so zeigen sie jetzt ihr wahres Wesen, das hier rein, gesund und schön ist. Die männliche Gestalt trägt ein rotes, also ein positiv-männliches geistiges und die weibliche Gestalt ein grünlich-blaues, also ein negativ-weibliches seelisches Lendentuch. Das bedeutet, daß die Geschlechter hier nicht als ein körperlich-materielles, sondern als rein geistiges Prinzip betrachtet werden müssen. Beide Gestalten tragen goldene Locken, die von den Strahlen der Sonne noch vergoldet werden. Sie halten einander bei der Hand. Die männliche Gestalt hält ihre rechte und die weibliche ihre linke Hand hin. Mit der anderen Hand und mit dem anderen Arm umarmen sie einander hinter dem Rücken. Sie stehen ganz symmetrisch da, was zeigt, daß die beiden gleichwertige Wesen sind.

Aus dem eisernen Ring, an welchen die beiden Gestalten noch als Teufel angekettet waren, ist jetzt ein schöner grüner Kranz geworden, der auf dem Boden liegt. Die beiden Gestalten stehen nebeneinander in diesem großen Kranz. Die beiden sind also wieder vereinigt, aber nicht mehr körperlich, nach außen, wie der Satan sie im Körper vereinigt hat, sondern sie sind im Geiste vereinigt, so wie sie einander im Geiste ergänzten und eine Einheit bildeten, bevor der Satan sie getrennt hatte. Der Kreis symbolisiert immer den Geist, also sind die beiden bildlich im Geiste vereint. Die beiden haben kein Kleid, kein irdisches Kleid, keinen irdischen Körper. Daher bedeutet diese Vereinigung im Kranze eine innere, rein geistige Einheit. Diese rein geistige Einheit der zwei Geschlechter, in welcher die zwei Pole ineinander ruhen, trägt der Mensch, welcher auf diese Bewußtseinsstufe gelangt ist, *in sich*.

Die zwei Gestalten stehen auf dem Bild vor einer starken Mauer, die ein Grab, gleichzeitig aber auch ein alchimistischer Schmelzofen ist. In diesem vollziehen sich alchimistische Prozesse. Dieses Grab, dieser Schmelzofen ist das Versprechen, daß einmal daraus etwas Goldenes, Vollkommenes und Lebendes herauskommen wird. Vorläufig sehen wir nur, daß die Mauer des Grabes aus verschiedenfarbigen Ziegelsteinen gebaut ist, daß also darinnen verschiedene Kräfte am Werk sind. Wir wissen schon, daß diese Farben Geistigkeit (rot), Gottesglauben (blau) und Verstandeskräfte (gelb) bedeuten. Auf die zwei jungen Menschen strahlt eine große goldene Sonne ihre reifenden wärmenden und durchdringenden Strahlen. Sie hat 12 gelbe und 12 rote Strahlen. Ein Hinweis auf die zwölffache Aufteilung des Himmels, auf die zwölf Tierkreiszeichen. Weisheit und Geistigkeit strahlt sie aus. Sie hat blaue Augen und schöne rote Lippen. Wie auf der Tarotkarte 18 der Mond im ganzen Bild dominierte, so dominiert hier auf diesem Bild die Sonne. Ohne ein Wort zu sagen bestrahlt sie die ganze Welt um sich herum mit ihrem freundlichen warmen Wesen und verursacht in ihrer Umgebung die stärksten chemischen Veränderungen. Sie strahlt auch auf den grabähnlichen Schmelzofen; somit können wir vermuten, daß auch in diesem ein starker chemischer Prozeß stattfindet.

Der Mensch, der auf der Bewußtseinsstufe der Tarotkarte 18 die Grenze zwischen Tod und Leben – und Leben und Tod – überschritten hat, wurde selber sein eigenes höheres Selbst, das bisher immer schon als seine innere Stimme, als sein »heiliger Geist« da war. Jetzt ist aus dem Du sein eigenes Ich geworden. Er selbst ist es! Tat tvam Asi sagt die indische Vedantaphilosophie, Das bist Du. – Auf der Bewußtseinsstufe dieser Karte wandelt der Mensch sich aus einem Lichtreflektierenden in eine Lichtquelle um. Er ist jetzt kein Spiegel mehr wie der Mond, der das Licht der Sonne nur zurückstrahlt, aber eigenes Licht, eigene Wärme noch nicht ausstrahlen kann: *Er ist die Sonne, die Lichtquelle selbst geworden!* Aus dem Offenbarungswerkzeug wurde er ein *Offenbarer.* Er wurde selbst die Quelle der Offenbarungen. Er strahlt seine eigene göttliche Weisheit und Liebe, seine eigene göttliche Geistigkeit auf die ganze Welt aus und vergoldet durch sein eigenes goldenes Wesen die ganze Welt. Durch sein goldenes Selbst reift in diesem Menschen ein ganz neues Lebewesen, ein neuer Mensch, so daß auch sein Körper sich umwandelt, indem darin ein chemischer Prozeß stattfindet – das heißt jetzt schon beendet wird – und in seinem Körper aus allen Metallen Gold wird. – Ja! *Er selbst* liegt in diesem Sarg, in diesem Athenor, und wird darin umgewandelt. Es wird hier der alte Mensch sterben, um einem *neuen* Menschen das Leben zu geben. Wie es in den alten alchimistischen Büchern beschrieben ist, wird der Vogel Phönix verbrannt, aber aus seiner Asche entsteht ein prachtvoller neuer Vogel, der in den Himmelsraum emporfliegt.

Jetzt geschieht das nicht mehr symbolisch, sondern in der *materiellen Wirklichkeit.* Jetzt wird nicht mehr die Person symbolisch vernichtet, sondern der Körper des Menschen wird mit Blut und Knochen umgewandelt. Diese Umwandlung ist *chemisch nachweisbar.* Wie Jesus, Buddha und andere Gottmenschen trägt dieser Mensch die beiden Pole, die beiden Geschlechter geistig vereint in sich. Die beiden Pole ergänzen sich im Geiste dieses Menschen. Die beiden Geschlechter sind in seinem Geiste gleich stark und beide offenbart er auch in seinem geistigen Wesen. Er ist gleichzeitig positiv und negativ und so reagiert sein Körper auch nicht mehr einseitig. Er ist in seinem Körper wie in seinem Geiste neutral. Das andere Geschlecht wirkt auf seinem Körper nicht mehr, weil er die beiden Geschlechter einander ergänzend bewußt in sich trägt. Wie GOTT in einem ausgeglichenen Ruhezustand die beiden Pole in sich trägt. Das uralte chinesische Symbol Gottes – Yang und Yin – zeigt uns die ineinander, in vollkommenem Gleichgewicht ruhenden Pole

So alt die Menschheit auf Erden ist, waren und sind noch immer Eingeweihte unter den Menschen, die dieses Geheimnis der chemischen Umwandlung des Körpers gekannt haben und vor unreifen Menschen hüteten. Nur ihren Jüngern haben sie es weitergegeben. Es stammt aus dem Orient und kam durch die Kreuzzüge im Mittelalter nach Europa. Die Menschen, die das Geheimnis hier in Europa kennenlernten und es einigen ihrer Jünger weitergaben, nannten sich Rosenkreuzer oder Alchimisten. Diese Eingeweihten wußten, daß der Mensch mit der Entwicklung seines Bewußtseins auch *seinen Körper chemisch verändert.* Der bewußte Mensch kann diesen chemischen Prozeß mit verschiedenen Übungen *beschleunigen*. Es muß aber unbedingt die *geistige Reife* vorhanden sein, darum kann man dieses Geheimnis unreifen Menschen nicht preisgeben. Mit dieser Weisung haben die Rosenkreuzer ihr Wissen verborgen in rätselhaften Schriften und Bildern niedergelegt, um damit doch das Interesse *reifer Menschen* zu erwecken.

In diesen Rosenkreuzerbildern treffen wir genau die gleichen symbolischen Darstellungen wie in den Tarotkarten. Wir finden zum Beispiel auf den Rosenkreuzerbildern oft das Bild des Satans, sogar in der sich später aus dem Rosenkreuzertum entwickelnden Freimaurerei finden wir dieselbe Darstellung. Aber auch andere Motive aus den Tarotkarten finden wir dort; das Bild des Todes oder das Bild des alchimistischen Schmelzofens und das Bild der einander die Hand gebenden Geschlechter in der Gestalt eines Mannes und eines Weibes, oft mit einer Krone auf dem Kopf. Besonders die vier letzten Karten des Tarot erkennen wir in den Darstellungen der Rosenkreuzer, der Alchimisten und der Freimaurer wieder. So verstehen wir, daß hier auf der neunzehnten Karte das Gold, die göttlichgeistige Sonnenkraft, im Schmelzofen, in diesem Grab des Menschen, entwickelt wird und daß der Mensch aus diesem Grab-Athenor wie der Vogel Phönix aus der eigenen Asche als ein auferstehendes Wesens emporsteigen wird. Hier fühlen wir, daß in diesem Grab-Athenor etwas sehr wichtiges, sehr feierliches geschieht. Aus dem gewöhnlichen Menschen wird ein *magischer Mensch*.

Die geistige Sonne läßt ihre eigene Kraft, ihr eigenes Gold, auf diesen Grab-Athenor tropfen. Damit ist ein Hinweis auf die geheimen Übungen gegeben, die ein geistig reifer Mensch, der die Schwelle schon überschritten hat, machen kann, um seine Entwicklung zu beschleunigen und seinen Körper für die Aufnahme der höchsten göttlichen Frequenzen empfänglich zu machen. Wie gewöhnliches Eisen durch Behandlung magnetisch gemacht werden kann, so wird aus dem gewöhnlichen Menschen durch diesen Prozeß ein *magischer Mensch*. Aus dem gewöhnlichen Menschen, der kein eigenes Licht hat, wird eine göttliche Lichtquelle, die von niemand mehr Hilfe braucht, sondern jedem Menschen·und Lebewesen Hilfe *gibt*.

Die ersten neun Karten haben Einzelzahlen getragen, die zweiten neun Karten haben Dezimalzahlen getragen und die letzten vier Karten tragen Hunderterzahlen. Die Tarotkarte 19 trägt also den Zahlenwert 100, der aus der Quersumme der Zahl 19 und aus zwei den unendlichen Raum symbolisierenden Nullen besteht. Sie trägt auch den Buchstaben COPH.

Die Zahl 19 besteht aus der göttlichen Ursprungszahl 1 und aus der »Sich-selbst-Aufopfernden«, das schöpferische Negativum bedeutenden Zahl 9, die in jeder Situation sie selbst bleibt, weil sie sich immer vollkommen anpaßt, also das absolut weibliche ist. Die Zahl 9 wurde schon bei der Tarotkarte 9 gründlich erklärt. Da die Zahl 9 die Grundzahl 1, zu welcher sie addiert wird, nicht ändert, geben die beiden zusammen die göttliche Ursprungszahl 1 mit der 0, also die Zahl 10. Die Zahl 10 ist die Erfüllung und Vollendung der Schöpfung. Sie ist die Rückkehr zu dem Ursprung 1 mit der beendeten Schöpfung im Raum in der 0, weil sie die beiden Geschlechter, die beiden Pole in sich enthält, die Zahl 1, den göttlich-positiven, und die Zahl 9, den göttlich-negativen Pol. Hier beendet auch der Mensch seine Entwicklung in der Schöpfung. Er hat die höchste Grenze, die Erfüllung und Vollendung erreicht. Somit ist er jetzt auch die Zahl 10 geworden. Diese Karte trägt die 10 im Quadrat, also 100. Jede Seite des Symbols der Materie, also jede Seite des Quadrates, wurde 10. Und 10 im Quadrat ist 100.

Der Buchstabe COPH bedeutet hieroglyphisch ein Beil, eine Waffe, die den Menschen verteidigt und beschützt. Er bedeutet Licht, die beleuchtete und belebte Erde, und entspricht dem Namen Kodesch, was wieder so viel bedeutet wie der »Heilige«. Dieser herrscht über die Gestirne und über das Unbelebte, dem er das Leben gibt.

DAS GERICHT

Zahlenwert: 200

Buchstabe: ‫ר‬ RESCH

Auf diesem Bild sehen wir oben im Himmel einen Engel, der eine Posaune bläst. Er trägt, wie die Himmelskönigin, ein rot- und blaufarbiges Kleid mit gelbem Saum. Auf seinem Kopf hat er eine rote Kappe, die seine hohe Geistigkeit zeigt. Er hat zwei große Flügel, mit welchen er durch den weiten Raum fliegen kann. Er strahlt zwölf große rote und gelbe Strahlen auf die Erde aus. Die Zahl 12 ist wieder ein Hinweis auf die Zwölfteilung des Himmels durch die zwölf Tierkreiszeichen. Der Engel bläst in eine große goldene Posaune, um damit anzuzeigen, daß der Zeitpunkt gekommen ist, an welchem aus dem »alten sterblichen Menschen« der »neue unsterbliche Mensch« werden wird. Er bläst die Posaune, um den Menschen im Grab zur Auferstehung zu erwecken. Auf die Auferstehung des umgewandelten unsterblichen Menschen weist auch die kleine rote Fahne hin, die an der Posaune des Engels hängt. In der Mitte der Fahne befindet sich ein goldenes Kreuz, das auf die Umwandlung der Materie – des materiellen Körpers des auferstandenen Menschen – hinweist. Im Schmelzofen ist aus allen Metallen Gold geworden. Wie wir schon wissen, ist dieser Schmelzofen der Mensch selbst und sein Körper wird durch seine geistigen Fortschritte nicht etwa symbolisch, sondern tatsächlich umgewandelt. Der Mensch ist auferstanden und steigt wie Christus aus dem Grab.

Unten auf der Erde ist das Grab, in welchem der »alte Mensch« lag und aus dem jetzt der »neue Mensch« heraussteigt. Der Deckel ist weg. Der »neue Mensch« ist auf dem Bild als ein erwachsenes »Kind« dargestellt. Das will zeigen, daß er wie das Kind das Geschlecht nur im latenten Zustand in sich trägt, sich aber in seinem Bewußtsein mit dem Geschlecht nicht identifiziert. Christus sagte uns: »Wenn ihr nicht werdet wie die Kinder, ich sage euch, ihr werdet nicht in das Himmelreich kommen.« – Diese Worte haben mehrere wichtige Bedeutungen und eine davon ist, daß, wie die Kinder noch nicht geschlechtlich sind, so auch wir sein sollen, wenn wir den himmlischen Bewußtseinszustand und die himmlische innere Ruhe erreichen wollen. Wir sollen nicht geschlechts*los* und abnormal sein, wie das Kind nicht abnormal, sondern vollkommen gesund und normal ist, wenn es auch keine Geschlechtlichkeit aktiv offenbart. Wir können diese Kräfte *für uns* gebrauchen und sollen sie nicht ausgeben, um einem neuen Lebewesen zur Geburt zu verhelfen.*

Auf dem Bild sehen wir also einen gesunden, aber kindhaften Menschen, der in dem großen Augenblick, in welchem er aus dem Grab-Schmelzofen als ein Neugeborener und Auferstandener heraussteigt, befangen und erschüttert dasteht. Er ist ganz einfach JETZT und DA. Er erlebt die absolute Geistesgegenwart.

Rechts und links vom auferstandenen Menschen stehen zwei Gestalten und bewundern ihn. Ein nackter Mann und eine nackte Frau. Die beiden symbolisieren die zwei Geschlechter. Ihr Unterkörper mit den Geschlechtsorganen ist *in die Erde* hineingegraben. Das bedeutet, daß diese Menschen noch als die Gefangenen der Erde ihren Geschlechtstrieb irdisch ausleben. Beides sind gesunde, normale Menschen, und doch sind sie nicht glücklich, sonst würden

* Siehe Näheres: E. Haich »Sexuelle Kraft und Yoga«.

sie den aus dem Grab steigenden Menschen nicht so bewundern. Sie wissen allzu gut, wie viele Probleme und Leiden das Geschlechtsleben den Menschen verursacht, wie sie sich dadurch versklaven und ihre Freiheit verlieren und wie kurze Zeit das geschlechtliche Glück dauert. Wenn die Drüsen müde werden, was bleibt dem Menschen aus dem geschlechtlichen Zauberwerk? – Nur die Versklavung, nur die verlorene Freiheit. Diese versklavten Menschen schauen mit Bewunderung und Sehnsucht auf den neuen auferstandenen kindhaften Menschen. Sie sind schon »Suchende«, die sich bereits nach der Erlösung sehnen und den Menschen beneiden und bewundern, der die Erlösung schon gefunden und erlebt hat. Beide halten ihre Hände zusammengefaltet im Gebet und zeigen damit ihre Andacht und Bewunderung gegenüber diesem göttlichen Vorgang, gegenüber dem umgewandelten, im Geiste und im Körper neugeborenen und auferstandenen Menschen, der in einem fortdauernden ungestörten Glücksgefühl lebt. Sie wissen schon, wie schwankend und veränderlich das geringe vergängliche Glück ist, das die Geschlechtlichkeit gibt. Und unser Geist, der ewig ist, *sehnt sich nach ewigen unvergänglichen Freuden und nach dauerndem Glück!*

Der Mensch, auf dieser Bewußtseinsstufe nun angelangt, hat dasselbe merkwürdige Erlebnis, das jeder Mensch im Augenblick des Todes erlebt. Menschen, die schon »drüben« waren, aber wiederbelebt wurden, berichten, daß sie das »Jüngste Gericht« erlebten. Im Zeitpunkt, in welchem der Geist – das Ich – den Körper abstreift, befreien sich die vielen Eindrücke, die während eines kurzen oder langen Lebens gesammelt im Unbewußten aufgespeichert wurden und dringen plötzlich und gleichzeitig ins Bewußtsein. Der Mensch sieht sein ganzes Leben gleichzeitig, wie ein Musikstück auf einer Platte gleichzeitig da ist. Wir können aber diese Grammophonplatte wie auch unser Leben nur *in der Zeit* erleben. Wir mußten wie die Grammophonnadel den Weg auf der Platte von Anfang bis Ende durchläuft, auch unser Leben in der Zeit vom Anfang bis zum Ende durchlaufen. Im Tode erlebt aber der Mensch einen Zustand, in welchem er sein Leben nicht mehr in Zeit und Raum empfindet, sondern über Zeit und Raum erlebt und in dem alle Erlebnisse und Eindrücke gleichzeitig in sein Bewußtsein drängen. Diesen Zustand erlebt der »auferstandene Mensch« noch im körperlichen Leben, im körperlichen Zustand. Er muß mit seinem ganzen Leben so abrechnen wie der eben Gestorbene, als ob er das Ganze noch einmal, aber *nicht in der Zeit, sondern alles auf einmal* erleben würde. Wie wir eine Landschaft von oben geschlossen übersehen können, ohne darin auf einem langen Weg alles durchwandern zu müssen! – In diesem Zustand sieht der Mensch auch alles auf einmal, genau so, wie alles jemals mit ihm geschehen ist. Dabei ist es nicht mehr möglich, daß er wie noch im Leben vor sich selbst oder vor anderen etwas verschönert, verhüllt oder Ausreden erfindet. – Nein! – Er muß alles genau so, wie es geschehen ist, vor seinen seelischen Augen ablaufen lassen und von neuem erleben, ohne Verschönerung und ohne Verhüllung oder Maskierung. Da muß er Auge in Auge die Fakten wahrnehmen, ob sie ihm gefallen oder nicht, er muß alle seine Taten nackt, so wie sie waren, wiedersehen und wiedererleben. Er muß auch die Gründe, die ihn dazu brachten, dieses und jenes zu tun, erkennen. Er wird allen Beweggründen seiner Worte und seiner Taten gegenübergestellt, und wie die Bibel sagt, werden die Schafe von den Böcken getrennt und die Schafe nach rechts und die Böcke nach links gestellt werden. Er muß über alles, was er gedacht, gesagt und getan hat, urteilen und das Urteil an sich selbst erfüllen lassen. Nicht ein außer ihm stehender GOTT urteilt über ihn, sondern er selbst ist derjenige, der über sich das Urteil spricht. Der Mensch auf dieser Stufe aber sieht mit Erleichterung, daß er gegenüber allen Menschen seine Schulden schon bezahlt hat. Die Anstrengung vorwärts zu kommen war nicht umsonst. Es lohnte sich, denn er hat nichts mehr, was er gutmachen müßte. Die Bewußtseinsstufen der vorhergehenden Karten haben ihm schon gezeigt, wie er gegenüber sich selbst und gegenüber anderen Menschen, die er, wie Christus empfohlen hat, als »sich selbst« betrachten und lieben sollte, eingestellt sein mußte, wenn er sich kein neues Karma verursachen will. Er ist schon über die große Schwelle gekommen und nichts konnte ihn als Hüter dieser Schwelle zurückhalten. Jetzt wirft er nur noch einen letzten Blick auf sein Leben und frei und ohne Schuld erhebt er sich über alles, erhebt er sich über die Erde mit allen ihren Freuden und Leiden. Wenn er auch seinen irdischen Körper noch nicht abwerfen kann, sieht er doch alles schon von oben, wie wenn er über allem Irdischen schweben würde, so wie der Engel über seinem Kopf über der Erde schwebt. Er sieht klar, warum er hier auf Erden weilt, was Gott noch von ihm wünscht, und tut alles, was er selbst für richtig hält, um einmal *dieses Leben würdig beenden zu können.* Er braucht nicht mehr von der inneren Stimme zu erfahren, was er im Leben noch zu tun hat, weil ER SELBST DIESE INNERE STIMME GEWORDEN IST! – Er hat kein Gewissen mehr, er kann keine Gewissensbisse mehr haben, weil ER SEIN EIGENES GEWISSEN GEWORDEN IST!

Auf der Stufe der Tarotkarte 13 wurde der Mensch als Person vernichtet und er erwachte im Geiste. Er wurde sich dessen bewußt, daß sein Ich kein materielles isoliertes Wesen ist, sondern daß er mit dem Wort »Ich« den über seiner Person stehenden Geist benennt. Als Folge dieses Erwachens mußte der Mensch sich mit vielen Dingen, besonders aber mit der Sexualität auseinandersetzen. Das hat er auf der Stufe der Tarotkarte 15 vollbracht. Er mußte lernen, die sexuelle Kraft in schöpferische Kraft umwandeln zu können. Dann hat er gelernt, seine schöpferischen Kräfte zu dosieren und weiterzugeben. Er mußte lernen Liebe auf alle Lebewesen strahlen zu können, so wie die Sonne auf jedes Lebewesen Licht und Wärme strahlt. Diese neuen Kräfte haben auch seinen Körper verändert und umgewandelt, er wurde auch im Körper neugeboren, und jetzt auf dieser Stufe erlebt er die vollkommene Auferstehung.

So hat der Mensch sich aus seinem Grab, aus seiner falschen Vorstellung, in einem irdischen Körper eingekerkert leben zu müssen, befreit und er hat noch in diesem irdischen Leben die Auferstehung erlebt. Sein Körper lebt zwar noch in dieser materiellen Welt, aber sein Bewußtsein steht darüber; er ist kein körperliches Wesen mehr, er hat kein persönliches »ich«, – kein *Scheinich,* – mehr, sondern er ist eins geworden mit dem WELTGEIST, mit dem absoluten höheren WELTSELBST, das ihn aus dieser falschen Vorstellung erlöst hat. Er hat die »mystische Hochzeit«, die »Unio mystica« erlebt. SEIN BE-WUSSTSEIN WURDE MIT DEM GÖTTLICHEN, MIT DEM WAHREN SELBST, EINS UND IDENTISCH. – Er sieht auch alles von der »anderen«, von der »umgekehrten« Seite, er schaut von drüben ZURÜCK, weil er schon über die Schwelle gegangen ist. Er hat das Gefühl, daß bisher seine Füße mit Fesseln an die Erde gekettet waren und er sich davon lange nicht befreien konnte. Jetzt sind diese Fesseln gebrochen und heruntergefallen. Denn wenn auch die Fesseln nur in seiner Vorstellung da waren, für ihn waren sie *eben deshalb* doch eine *Wirklichkeit.* Jetzt hält ihn nichts mehr zurück. – Er kann seine Flügel, die immer da waren, die er aber nicht gebrauchen konnte, weil sie ihm nicht bewußt waren, jetzt ausbreiten und fliegen . . . fliegen . . . in die raumlose Freiheit, in die zeitlose Ewigkeit.

Die Tarotkarte 20 trägt den Zahlenwert 200, der aus der Zahl 20 und aus der den unendlichen Raum symbolisierenden 0 besteht. Sie trägt den Buchstaben RESCH.

Der Mensch erlebt auf dieser Stufe, daß er die zwei Welten gefunden hat, die er schon auf der zweiten Stufe suchte, aber noch nicht erreichen konnte. In beiden Welten fühlt er sich zu Hause, in beiden Welten erlebt er seine *eigene* Welt. Er sieht, daß es kein Jenseits und kein Diesseits gibt. Beide bilden eine Einheit, denn das Diesseits hat *keine Existenz* ohne das Jenseits. Das Diesseits ist eine manchmal sehr mangelhafte Offenbarung des Jenseits. *Das Selbst des Menschen war immer im Jenseits und bleibt auch immer dort, ob es einen Körper hat oder nicht.* Ohne Geist gibt es kein LEBEN in der Materie. Jetzt versteht er alles das, was die Hohepriesterin ihm vorenthielt, indem sie den Vorhang vor dem Heiligtum nicht hob. Es gibt nicht Vielfalt, es gibt nur eine einzige heilige EINFALTIGKEIT: GOTT.

So gelangte der Mensch zu der Entwicklung, wie sie Gustav Meyrink in seinem Werk »Das grüne Gesicht« so wunderbar beschreibt: »Wie ein Januskopf konnte er in die jenseitige Welt und zugleich in die irdische Welt hineinblicken und ihre Einzelheiten und Dinge klar unterscheiden

> *er war hüben und drüben*
> *ein lebendiger Mensch.*«

Der Buchstabe RESCH bedeutet hieroglyphisch das Haupt des Menschen, und der angewandten Symbolik nach bedeutet er die »Rückkehr« zur göttlichen Welt, so wie der Mensch auf dieser Karte, auf dieser Stufe, in der göttlichen Welt auferstanden, also dorthin zurückgekehrt ist.

DER NARR

Zahlenwert: 300

Buchstabe: **ש** Sihn

Auf dieser Karte sehen wir einen merkwürdigen Menschen, der in einer noch merkwürdigeren Bekleidung scheinbar vollkommen sorglos herumwandert. Oben auf seinem Kopf sehen wir einen großen Turban, zusammengestellt aus ziemlich breiten farbigen Streifen. Es sieht aus, als ob diese Streifen aus dem Kopf dieses Narren ausgestrahlt würden. Wir sehen hier die wichtigsten Farben gelb, grün und rot und einen schmalen weißen Streifen. Wir wissen, daß Rot Geistigkeit, Grün Wohlwollen und Menschenliebe, Gelb Verstandeskräfte, durch welche sich die Geistigkeit manifestiert und Weiß Reinheit bedeutet. Die Jacke besteht auch aus denselben Farben, aber hier kommt noch die blaue Farbe, also Andacht und Gottesglauben dazu. Der Hinterkopf und der Hals sind mit einem grünen Tuch bedeckt, so daß man weder die Haare noch die Ohren sehen kann. Das Gesicht ist nackt; der Narr trägt keinen Schnurrbart, nur dort, wo das Tuch endet, trägt er einen schmalen braunen Bart, der sein Gesicht einrahmt. Man sieht also eigentlich nichts von seinem Kopf, weil er gänzlich bedeckt ist. Aber man sieht auch sein Gesicht nicht. Dieses Gesicht ist im Verhältnis zur Größe seiner Gestalt viel zu groß. Es kann nicht sein eigenes Gesicht sein, es ist eine *Maske*. Aber auch diese Maske sieht man kaum, weil der Narr sein Gesicht, – seine Maske, – in die *Höhe* hält; er schaut hinauf in höhere Welten, in den Himmel, wo er zu Hause ist, und nicht auf die Erde. Nur derjenige sieht also sein Gesicht, der sein eigenes Gesicht auch in die Höhe hebt.

Aus dem Zauberstab wurde ein einfacher Wanderstab, den er in seiner rechten Hand hält. Der Stab ist rot, symbolisiert also eine geistige Hilfe auf dem Wanderweg. In seiner linken Hand hält er eine grüne schmale Keule, ähnlich einem Stock. Er legt diese Keule, obgleich er sie in der linken Hand hält, auf die rechte Schulter. Er hat also alles von der negativen auf die positive Seite hinübergebracht. Er hat nichts mehr auf der linken Seite, auch seine linke Hand hält er nach rechts. An dem grünen keulenartigen Stock aufgehängt trägt er ein kleines Bündel. Alles was er besitzt trägt er darin. Die Farbe dieses Bündels ist ein Hinweis, daß sich auch darin nur geistige Dinge befinden.

Der Narr trägt eine gelbe Strumpfhose und braune Schuhe. Die Hose wurde aber von einem merkwürdigen Tier heruntergerissen, so daß das Gesäß entblößt ist. Das Tier beißt noch immer in sein Bein, doch der Narr kümmert sich gar nicht darum, als ob er gar nichts fühlen würde. Er geht unbekümmert und gelassen weiter auf seinem Weg, schaut hinauf in den Himmel, trägt sein Bündelchen und kümmert sich nicht um Tiere, die ihn von hinten her beißen. Er kümmert sich ebensowenig um die Tiere, die vor ihm auf der Lauer liegen. Hinter einem Balken wartet ein Krokodil auf ihn. Aber scheinbar hat es Angst vor dem Narren und traut sich nicht, ihn anzugreifen.

Zwischen seinen Beinen sehen wir wieder die rote Blume. Sie ist offen, dreht aber ihr Köpfchen nach unten, auf daß niemand in das Innere ihres Kelches hineinschauen kann. Der Narr zeigt seine Schätze niemand mehr.

Wer ist dieser Narr?

Dieser NARR ist der Mensch, der die letzten Stufen der menschlichen Entwicklungsmöglichkeiten hier auf Erden überschritten und die höchste Stufe erreicht hat. Sein Bewußtsein vereinigte sich mit dem Göttlichen. Aber damit hat er sich im Geiste von seinen Mitmenschen so weit entfernt, daß kein Mensch ihn mehr versteht. Er hat schon als der AUFGEHÄNGTE alles umgekehrt gesehen; aber wenn er auch alles umgekehrt sah, hat er immerhin noch alles von einem *menschlichen Standpunkt* aus betrachtet. Jetzt, nachdem er über die Schwelle zwischen den zwei Welten gegangen ist und im Grab-Schmelzofen als irdischer Mensch endgültig gestorben, aber als ein himmlisches Wesen in ein neues Leben auferstanden ist, kann er nichts mehr vom menschlichen Standpunkt aus betrachten. Nicht einmal das irdische Leben. Er hat alles auf die rechte, geistige Seite herübergebracht; er sieht alles von einem göttlichen ewigen Standpunkt aus. Er sieht keinen Unterschied mehr zwischen dem Endlichen und dem Unendlichen, zwischen dem Sterblichen und dem Unsterblichen. Er sieht klar, – auch wenn die Rede von ihm selbst wäre, – daß nur die Formen sich ändern, aber nichts einen Anfang und ein Ende hat. Es gibt nichts, das sterben *könnte*. Nein! Wenn man auch sterben *wollte oder müßte, man kann nicht sterben. Es gibt keinen Tod!* Es gibt nur ewiges Leben, ewige Umwandlung und Rotation. LEBEN, überall LEBEN, wohin man nur schaut! – Eine sterbende Pflanze, ein sterbendes Tier oder ein sterbender Mensch sind nur an einer Grenze angelangt, an der sie ihr irdisches Kleid wechseln und ein neues anziehen werden. Das was lebt, – das Selbst, – kann nicht sterben, weil es *nie geboren wurde.* Und was geboren wurde, die Materie, der Körper, kann auch nicht sterben, weil das irdische Kleid, der Körper, nie ein eigenes Leben gehabt hat, nie gelebt hat. Der Körper einer Pflanze, eines Tieres oder eines Menschens lebt nur, weil der Geist, – das Selbst, – hineingekleidet ist und *sein eigenes Leben* durch den Körper manifestiert. Die Materie, der Körper, lebt an sich nicht, und wenn das Selbst den Körper verläßt, bleibt nur eine zerfallende tote Form zurück. Der Narr betrachtet den Tod, vor dem so viele Menschen panische Angst haben, so wie ein Mensch, der abends seine Kleider auszieht und schlafen geht. Ist der Mensch deshalb tot, weil er keine Kleider mehr anhat?

Oder sind die Kleider jetzt tot und weniger lebendig als während der Zeit, da der Mensch in den Kleidern drinnen war? – Die Kleider lebten auch nicht als der Mensch sie angezogen hatte. Die Kleider haben nur die Bewegungen nach- und mitgemacht, die der Mensch in ihnen machte. Jetzt, da er die Kleider ausgezogen hat, sind sie weder lebendiger noch lebloser geworden als sie immer waren. Der NARR betrachtet das Leben nur vom Standpunkt des Göttlichen. Wie könnten ihn Menschen verstehen, die nur nach den Befriedigungen des Körpers laufen, die Befriedigungen des Körpers für über alles wichtig nehmen und als einziges Lebensziel betrachten. Dem Narren ist das alles schon gar nicht mehr wichtig. Er macht unter den Menschen nur das allernotwendigste mit, denn er will keine Empörung verursachen und weiß, daß alles sowieso vollkommen gleichgültig ist. Er sieht die Menschen klar, er versteht sie auch, denn er weiß, daß auf der Entwicklungsstufe, auf welcher alltägliche Menschen stehen, sie *so sein müssen*. Aber die Menschen verstehen seinen Standpunkt nicht. Und der Narr diskutiert nicht. Er will nicht recht haben, denn er weiß, *daß jeder recht hat – auf seiner Entwicklungsstufe!* Es ist nur eine Frage der Zeit, wann diese Menschen, die ihn heute nicht verstehen und als Narren betrachten, selbst einmal auf diese Stufe gelangen und ebensowenig verstanden und als Narren betrachtet werden.

Die Menschen aber, die ihn jetzt noch nicht verstehen, sind damit daß er ihnen keine Erklärungen über sich gibt und nicht mit ihnen diskutiert, nicht zufrieden. Sie wollen sein »Gesicht« sehen und sein Wesen kennenlernen. Und was geschieht? – Sein wahres Wesen können diese Menschen nicht sehen, es gibt keine Möglichkeit, Neugierigen in sein wahres Wesen Einblick zu gewähren. Sie könnten ihm nie in seine Welt folgen, weil sie diese Schwingungen noch nicht ertragen würden. Diese Menschen wissen gar nicht, daß »seine Welt« überhaupt existiert und diese die absolute Wirklichkeit ist und die ihrige nur eine Scheinwelt, ein Traum. So können die primitiven weltlichen Menschen ihn nicht in seiner Wirklichkeit und Geistigkeit sehen, sondern sehen von ihm nur das, was in der materiellen Welt von ihm sichtbar ist; wie er auf der materiellen Ebene lebt, was er dort mit den Händen und Füßen macht. Sie sehen ihn also nur von seiner *rein materiellen* Seite. Seit Menschengedenken wird die materielle Seite des Menschen immer mit dem Organ symbolisiert, das dazu dient, die unbrauchbare Materie, die Schlacke aus dem Körper hinauszuwerfen, also mit dem After. So wurde durch den neugierigen Biß der »tierischen« primitiven Menschen, die in sein lebendiges Fleisch »hineinbeißen« wollen, nur sein Hinterteil, seine rein materielle Seite, entblößt und sichtbar. Diese Neugierigen sehen *nur diese Seite* von ihm. Sie können beobachten, wann er aufsteht und sich niederlegt, was er ißt und trinkt oder wie er sich äußerlich an seinem Arbeitsplatz benimmt. Alles das können die boshaft Neugierigen beobachten. Aber von seinem geistigen Wesen hat diese Sorte irdischer Menschen keine Ahnung. Und so wie die Tiere andere Tiere zerreißen, wenn sie ihnen nicht ähnlich sind, so wollen diese primitiven Menschen den NARREN zerreißen. IHN werden sie aber niemals sehen können. Wie sie auch Christus nicht sehen, sondern nur seinen Körper töten konnten.

So muß der Mensch, der am Ziel angelangt ist, weitergehen, ob seine primitiven Mitmenschen ihn »beißen« oder nicht. Er weiß, daß er immer derselbe bleibt und er sich dadurch, wie die anderen über ihn denken oder reden, nicht ändern *kann* und nicht ändern *wird*. Er *ist* wie und was er *ist*! Und Eitelkeit kennt er schon lange nicht mehr! – Eitelkeit, Neid, Haß und andere menschliche Eigenschaften gehören zu den menschlichen Standpunkten. Er aber betrachtet schon lange alles nur noch vom göttlichen Standpunkt aus. Er geht unbekümmert und unbehindert auf seinem Weg weiter. Und wenn er hört, daß man ihn hinter seinem Rücken einen Narren nennt, ist er dadurch nicht im geringsten beleidigt. Einerseits findet er es selbstverständlich, andererseits *kann er nicht mehr beleidigt sein* und trägt das Wort NARR mit Verständnis gegenüber seinen Mitmenschen in Frieden. Er weiß, daß diese vorläufig noch so denken müssen. Er läßt sie sein wie sie sind, denn unreife Früchte darf man nicht vom Baum pflücken, sie könnten sonst *nie reif werden*.

Diese Karte hat keine Nummer, trägt aber den Buchstaben SHIN, zu welchem im kabbalistischen Sinne die Zahl 21 gehört. Der Zahlenwert 300 zeigt auch, daß dieser aus der Zahl 21 mit der zweifachen 0 entstanden sein muß. Die Zahl 3 mit der zweifachen 0, also 300, ist die Multiplikation der göttlichen Zahl 3 mit der Zahl 10, welche die Erfüllung der Schöpfung im Universum ist, auf das Quadrat erhoben. Diese Karte besteht nicht allein und trägt deshalb keine Zahl, weil sie das äußere Bild des Menschen ist, dessen innere Seite die folgende Tarotkarte 22 symbolisiert. Diese letzte Tarotkarte DIE WELT zeigt das Innere des NARREN, seinen inneren Bewußtseinszustand. Er schätzt Reichtum und weltliche Macht nicht, welche primitive Menschen über alles schätzen, dagegen schätzt er solche geistige Schätze, von denen die primitiven Menschen nicht einmal wissen, daß sie existieren. Er ist also ein NARR! Aber dieser NARR trägt *in sich* das, was die letzte Karte zeigt, das göttliche ALLBEWUSSTSEIN!

Wenn diese Karte auch unnumeriert ist, wir fühlen doch, daß sie die Tarotkarte 21 ist und mit der Zahl 21 in Zusammenhang steht, weil sie den Zahlenwert 300 und den Buchstaben SHIN trägt. Dieser Buchstabe ist ein Eckstein im ganzen Alphabet. In der Kabbala steht, daß Gott den Buchstaben SHIN als König über das Element Feuer stellte. Er ist also Feuer, das Feuer des Geistes, des schöpferischen Prinzips, des Logos. Moses hat Gott in einem *brennenden* Busch, also im Feuer erblickt. Er hat plötzlich gesehen, daß das Leben, – GOTT, – sich in der materiellen Welt als Feuer offenbart. Aber der Geist des Feuers, den das irdische sichtbare Feuer nur *offenbart*, der selbst aber dieses *sichtbare* Feuer *nicht* ist, ist das LEBEN SELBST, ist GOTT SELBST! – Und Christus sagt uns in der Bibel: … »und ich taufe euch mit Feuer …«. ER, Christus, ist das Feuer und das LEBEN. ER selbst sagt: »Ich bin das LEBEN.« Wenn der Name des über allem stehenden unpersönlichen Gottes aus allen Vokalen und aus dem Buchstaben H besteht, wodurch Gott das Leben, das Selbst in den Menschen hinein*haucht*, dann erhalten wir den folgenden Namen Gottes: IEHOUA (Jod He Vau He). Wenn wir jetzt den Buchstaben SHIN, der das Feuer des Lebens bedeutet, in der Mitte des Namens des *unpersönlichen* Gottes einsetzen, erhalten wir das Wort IEHOSHUA. Das ist der Name des *persönlichen* Gottes, des Mensch gewordenen Gottes. Denn der Name Jesus heißt in der originalen hebräischen Sprache Jehoschua. Nur in der westlichen Sprache heißt er Jesus.

Wir verstehen, daß der Buchstabe SHIN deshalb so wichtig ist, weil er das Feuer ist, womit Christus, das höhere Selbst, uns tauft, uns in das LEBEN einweiht. Diese Karte stellt den Christusmenschen dar!

Der in dieser Karte dargestellte Zustand ist für den unreifen Menschen verhängnisvoll. Der reife Mensch mit seinem das ganze All umfassenden Selbstbewußtsein wird auf dieser Stufe identisch mit Gott und lebt nach den inneren göttlichen Gesetzen, jedoch anerkennt er auch die irdischen Gesetze. Der unreife Mensch aber, ohne Allbewußtsein, erkennt die göttlichen Gesetze noch nicht, aber auch nicht die irdischen. Er verliert seinen inneren Halt, fällt in den Abgrund, in das Nichts hinein und kommt in einen Zustand, den die Menschen Geisteskrankheit nennen. Dem unreifen Menschen bedeutet diese Karte die Hölle, dem reifen aber, dem Gottmenschen, den Himmel.

Die Tarotkarte 12 mit dem AUFGEHÄNGTEN hat mit der Quersumme der Zahl 12, also mit der Zahl 3 und mit der den Raum symbolisierenden 0, also mit der Zahl 30 zu tun, die die Zahl der Taler ist, wofür Judas Christus verraten hat. Diese Karte, DER NARR, trägt dieselbe Zahl, aber sie hat mit der zweiten 0, also mit 300, eine kosmische Bedeutung. Der AUFGEHÄNGTE ist noch ein *Mensch*, DER NARR ist der GOTTMENSCH, der Allbewußtsein erlangt hat. Wir sehen den Zusammenhang zwischen der Zahl 300 und dem Buchstaben Sihn. Beide bedeuten den Gottmenschen.

Und Der Narr ist ein Mensch, der in seinem Bewußtsein mit Logos, mit Christus, mit dem Leben, eins geworden ist!

Tarotkarte 22*

DIE WELT

Zahlenwert: 400

Buchstabe: ה THAU

Auf diesem Bild sehen wir, daß hier etwas universelles, etwas kosmisches dargestellt ist. In der Mitte steht eine schöne Frau, in welcher wir die Himmelskönigin nach ihren verschiedenen Umwandlungen in »Gerechtigkeit«, in »Liebe«, in »Ausgewogenheit« und in die schöne nackte Frau auf dem Bilde der »Sterne« wiedererkennen. Auch jetzt ist sie nackt; sie braucht sich vor den Augen der Sterblichen nicht zu verhüllen, weil sie sich jetzt in ihrer Heimat, im Weltall, im Universum, in dem sie zu Hause ist, befindet. Sie trägt auf ihrem Körper einen schmalen roten Schal, womit sie ihre hohe Geistigkeit symbolisiert. Sie hat goldene lockige Haare, die ihre Verstandeskräfte symbolisieren, und in der linken Hand hält sie zwei Zauberstäbe. Ein Stab endet oben in einer roten, der andere in einer grünen Kugel. Wir wissen schon, daß diese zwei Kügelchen die positive und negative Aufladung der zwei Zauberstäbe bedeuten. Die Himmelskönigin hält ihre Beine, wie der Himmelskönig auf der Tarotkarte 4 und der Aufgehängte auf der Tarotkarte 12, daß sie damit ein Kreuz bildet, das Symbol der materiellen Welt. Wie schon gesagt ist sie der mütterliche Aspekt Gottes, der über die materielle

* Infolge eines Irrtums des Künstlers trägt diese Karte die Nummer 21.

Seite des Universums herrscht; sie ist die große MUTTER, sie ist die NATUR. Die Zauberstäbe sind ihre Gesetze, die im ganzen Universum unverrückbar herrschen und wirken.

Sie befindet sich in einem großen grünen Kranz. Es ist derselbe Kranz, der auf der Tarotkarte 19 auf dem Boden liegt und die zwei jungen Menschen umgibt. Hier bedeutet der Kranz den kosmischen unendlichen Raum, er ist die große NULL. Dieser Kranz ist auf manchen Tarotkarten, die von anderen Künstlern entworfen und gezeichnet wurden, als die sich in ihren Schwanz beißende Schlange dargestellt, welche die Unendlichkeit und auch die Rotation symbolisiert.

Außerhalb des Kranzes sehen wir die vier Tierkreiszeichen Löwe, Stier, Engel und Adler. Wir kennen auch aus der Bibel diese vier Eckpunkte des Himmels, die drei großen Tiere und den Engel als die Vision des Hesekiel.* Dieselben vier Wesen waren auch auf den vier Ecken der Bundeslade angebracht. Auch die vier Evangelisten werden mit diesen Tierkreiszeichen in Verbindung gebracht: Der Löwe mit Markus, der Stier mit Lukas, der Engel mit Matthäus und der Adler mit Johannes, – dem erlösten Skorpion, Judas.

Dieses Bild symbolisiert das Universum, das unermeßliche Weltall. Der Mensch, der auf diese Stufe gelangt ist, wurde in seinem Bewußtsein eins mit GOTT. Wie Christus in der Bibel sagt: »ICH und der VATER sind EINS«, so kann der Mensch auf dieser Stufe dasselbe sagen. Er ist ein Gottmensch. Er ist mit GOTT nicht mehr in einem dualistischen, sondern in einem monistischen Zustand. Er kann nicht mehr zu einem *außenstehenden* Gott beten, denn er ist sich bewußt, daß Gott nur auf dem Wege nach *innen*, auf dem Wege zum Ich, im eigenen tiefsten Inneren zu finden ist. Dieser Weg fängt damit an, daß der Mensch in sich sein persönliches kleines »ich« fühlt und in diesem »Schein-ich« bewußt wird. Dann fängt er an, sich selbst immer mehr und mehr kennenzulernen und kommt darauf, daß alles das, was er bisher als sein eigenes Selbst betrachtet hat, nur ein

---

* Siehe Näheres: E. Haich »Einweihung«.

Konglomerat aus körperlichen Trieben, Instinkten und Wünschen *plus Verstand* war. Er kommt darauf, daß sein kleines, persönliches »ich« nur ein »Schein-ich« ist und sein wahres Wesen nur so viel damit zu tun hat, daß es dem kleinen »Schein-ich« sein eigenes Leben gegeben, das kleine »Schein-ich« lebendig gemacht hat. Wenn der Mensch aber so weit gekommen ist, daß er das eingesehen hat und sich dessen bewußt geworden ist, dann hat er die Identifikation mit dem kleinen körperlich-materiellen »Schein-ich« schon teilweise aufgegeben. Er ist in seinem Bewußtsein gewachsen und seinem wahren Wesen, seinem waren ICH, näher gekommen. Dann ringt der Mensch in sich weiter und steigt mit seinem Bewußtsein auf der großen Jakobsleiter immer höher und höher. Das Schicksal hilft ihm und bringt ihm Erlebnisse, Erfahrungen und Prüfungen, die ihn sich selbst immer näherbringen, wenn auch diese Prüfungen noch soviel Leiden und Schmerzen verursachen. Er muß sein persönliches »ich« immer mehr von oben, wie eine dritte Person, betrachten. Er geht durch alle Stufen, die hier mit den Tarotkarten symbolisiert sind, bis er sein eigenes höheres SELBST, sein wahres WESEN *wird*. Es genügt nicht, daß er diese inneren Wahrheiten mit dem Verstand *versteht*. Damit ist er noch weit von der *Verwirklichung* entfernt. Er muß so weit kommen, bis er die Stufe erreicht, auf welcher er nichts anderes mehr ist als ein nacktes göttliches Wesen ohne die Beimischung körperlich-materieller Eigenschaften. In jeder Hinsicht und in jeder Lage kann er nur er selbst sein, *muß* er er selbst sein, *weil er gar nicht anders kann!* Er ist von den Krankheiten der Seele geheilt, die man Habgier, Neid, Eitelkeit und Machtwahn nennt. Sie waren nie die Eigenschaften seines wahren Selbstes. Jetzt *muß* und *kann er nur* noch göttliche Eigenschaften offenbaren, weil er *göttlich geworden ist*. Wenn er sich benehmen würde wie ein ganz gewöhnlicher persönlicher Mensch, um bei den anderen Menschen keine Empörungen zu verursachen, so würde er sich nachher in solchem Maße verachten, daß er sich lieber von den Menschen vollkommen zurückzöge, damit man ihn nicht immer mißversteht und er nicht fortwährend Erklärungen geben muß, warum er dies oder jenes sagt oder tut. Aber nicht nur darum zieht sich solch ein Mensch zurück. Auf dem langen Weg zum SELBST haben sich seine Sinnesorgane so verfeinert, daß er die Menschen vollkommen durchschaut. Und wenn er sie auch versteht und ihnen nichts übelnimmt, so leidet er doch stark darunter, daß er zusehen muß, wie seine Mitmenschen sich mit einer falschen Lebensweise zugrunde richten. Er weiß auch, daß wenn er den Menschen hundertmal die Wahrheit sagt, sie ihm doch nicht gehorchen werden, so wenig die Menschen Christus gehorcht haben, sondern lieber in ihr Verderben rannten. Er zieht es vor, dabei nicht zuschauen zu müssen und geht weg. Seine verfeinerten Sinnesorgane verursachen ihm aber auch große Qualen, weil er unter den Menschen solche Dinge wie essen, trinken, riechen und hören wahrnehmen muß, die für seine überfeinen Nerven eine schwere Belastung bedeuten. Diese Menschen ziehen sich vom weltlichen Leben, von den Menschen vollkommen zurück, es sei denn Gott habe gerade ihnen die Prüfung auferlegt, unter den Menschen leben zu *müssen*, um ihre Aufgabe erfüllen zu können. Da das hier in Europa sehr schwer durchführbar ist, gehen sie in einen anderen Erdteil und leben dort wie die anderen, die es in der Welt nicht mehr aushalten konnten. Es gäbe viele Beispiele, doch brauchen wir sie nicht alle anzuführen. Aber außer denen, die jeder Suchende schon aus Büchern oder vom Hörensagen kennt, wie Rama-Krishna, Shivapuribaba oder Ramana Maharschi, gibt es auch solche, die nur wenigen Menschen bekannt wurden. Die Verfasserin kennt mehrere Fälle, wo Männer und Frauen (zum Beispiel eine Dame der sogenannten Gesellschaft, vom Westen nach Indien gegangen sind, dort ihre Haare schneiden ließen und als unbedeutende und bescheidene Wanderer ihr Leben weitergelebt haben. Wenn man solche Menschen einmal getroffen und mit ihnen gesprochen hat und dabei ihre dem zivilisierten Menschen ganz unbekannte Harmonie und Ruhe erfahren hat, versteht man, warum sich diese Menschen von der »Welt« zurückgezogen haben.

An solchen Menschen ist keine Kritik berechtigt. Sie leben nach anderen Gesichtspunkten als die weltlichen Menschen. Sie tragen schon den Zustand des »Aufgehängten« und den »Narren« in sich. Sie brauchen all das, was ein weltlicher Mensch unbedingt noch zu brauchen glaubt, nicht mehr. Sie brauchen auf der Erde nicht hier- oder dorthin zu gehen, weil sie schon wissen, daß die Welt überall gleich schön ist, wenn man überall und hinter jeder Form, in jeder Offenbarung, den *Offenbarer, –* GOTT – erschaut. Ein solcher Mensch braucht nicht mehr in Museen und Bildergalerien zu gehen, um herrliche Darstellungen der Schönheiten der Welt zu sehen. Nicht daß er die Talente und die Offenbarungen der Künstler nicht schät- zen würde, nein, der schätzt sie sogar weit mehr als alltägliche Men- schen. Aber er weiß, daß jede Musik, jedes Bild, jede Figur nur eine *Teiloffenbarung, ein Teil des Ganzen sind.* Jede kleinste Arbeit, noch viel mehr aber sind die verschiedenen Künste der Weg zum Ziel, zum *Ganzen,* zur Entwicklung zur Vollkommenheit, zu sich SELBST, zu GOTT! Diese Menschen aber brauchen das nicht mehr, sie sind zum Ziel gelangt; sie sind das Vollkomene, das Ganze, sind GOTT geworden. Warum sollen sie also einen *Teil* offenbaren, wenn sie *das Ganze geworden sind?* – Moses, Jesus, Buddha und die anderen ans Ziel gekommenen titanischen Geister haben keine Musik ge- macht, keine Bilder gemalt, keine Figuren geschnitzt und auch nicht vor dem Altar getanzt wie David es tat, um Gott zu offenbaren. Diese Menschen wissen, daß jede Kunst eine göttliche Offenbarung ist, wenn sie aus dem Herzen des Menschen kommt, dem Grade ent- sprechend, den der Mensch erreicht hat. Aber diese Titanen brauch- ten keine Teilmanifestationen mehr, sie sind ans Ziel gelangt, sie sind *die Quelle aller Künste, aber auch die Quelle aller Liebe ge- worden. Und eben deshalb fühlen sie selbst keine Liebe mehr. Liebe ist Drang nach Einheit. Wenn aber ein Mensch mit dem All* EINS *geworden ist, wenn er die* EINHEIT *erlangt hat, wie soll er noch den Drang nach Einheit in sich fühlen?* Sie sind heimgekehrt, sie leben in GOTT. Ihr Bewußtsein ist eins geworden mit dem SEIN.

Die Tarotkarte 22 trägt den Zahlenwert 400, der aus der Quersumme der Zahl 22, der Zahl 4, multipliziert mit der Zahl 10 ins Quadrat erhoben, also mit der Zahl 100, entstanden ist. Sie trägt noch den Buchstaben THAU.

Die Zahl 4 trägt in sich verborgen die göttliche Vollendung der Schöpfung, die Zahl 10. Denn wenn wir die Zahlen bis 4 addieren, erhalten wir die Zahl 10 ($1+2+3+4 = 10!$). Der Zahlenwert 400, die Zahl 4 mit der zweistelligen 0, symbolisiert zahlenmystisch die ganze materielle Schöpfung, das ganze Universum mit dem Schöpfer, mit GOTT. Die Zahl 10 ist so richtig dargestellt

Die Frau, der weibliche Aspekt Gottes, also Gott als »Mutter«, Isis oder Kali, ist auf diesem Bild die Zahl 1 und der Kranz ist der unendliche Kreis, das Universum. Hinter der Frau, die der sichtbare Aspekt Gottes, die Natur, ist, fühlen wir aber auch den männlich-weiblichen Aspekt Gottes, die unsichtbare, unbenennbare und ungeoffenbarte Gottheit. Bei den Kabbalisten nennt man diesen Aspekt Gottes EN-SOPH und bei den Hindus PARABRAHM.

Das THAU hat dieselbe hieroglyphische Bedeutung wie DALETH, – Karte 4, – und bedeutet den »Schoß«. Wir fühlen, warum dieser Buchstabe den ans Ziel gelangten Menschen bedeutet. Er hat die tiefste Tiefe, den SCHOSS der Schöpfung erreicht. Er hat den Schoß Gottes erreicht. Dieser Buchstabe ist gleichzeitig das Symbol für den Menschen selbst, weil der Mensch der Zweck und die Vollendung der ganzen sichtbaren Schöpfung ist.

NACHWORT

Wir haben versucht, die große Arcana des Tarot, die zweiundzwanzig Bewußtseinsstufen zu beschreiben, wie uns die Eingeweihten der uralten Zeiten diese Stufen in symbolischen Darstellungen überliefert haben. Wir sind überzeugt, daß durch dieses Buch viele unserer Leser in den Karten eigene Bewußtseinszustände erkennen werden, in denen sie sich gerade befinden oder die sie schon früher erlebt haben. Es ist uns etwas Alltägliches, daß jemand, mit dem wir diese Karten einmal besprochen haben, nach Jahren wieder zu uns kommt und uns erstaunt erzählt, daß er, nachdem er die Tarotkarten längst vergessen hatte, plötzlich einen inneren Zustand erlebte, in dem er eine gewisse Karte erkannte und erst jetzt vollkommen verstand. Es gab sogar solche Menschen, die von diesen Karten nie etwas gehört hatten und doch über einen seelischen Zustand berichteten, wie ihn unverkennbar eine Tarotkarte darstellt. Zum Beispiel wurde der »Aufgehängte«, der »Vom Blitz getroffene Turm« oder der »Tod« erlebt. Manche Menschen hatten auch das Gefühl, an einem Scheideweg zu stehen oder im Grab zu liegen und dann wieder herauszusteigen. Ja! Diese Bilder haben die »Wissenden« nicht zufällig und nach ihrer Phantasie dargestellt, sondern sie wußten sehr gut, daß ein gewisser seelischer

Zustand sich in jedem Menschen in einem ganz bestimmten und gleichen inneren Bild offenbart. Diese Bilder wirken manchmal so stark, daß sie sogar nach außen projiziert, das heißt wie ein äußeres Erlebnis gesehen und gehört werden. Die Karten des Tarot sind auch identisch mit bestimmten Traumbildern, die sich vielen Menschen in gleicher Weise offenbaren. Man hat versucht, über diese sich bei verschiedenen Menschen wiederholenden gleichen Traumbilder Deutungen zu geben. Bei der Deutung von Traumbildern gibt es aber grundsätzliche Schwierigkeiten. Die Träume zeigen nämlich meist nicht einzelne Bilder der Tarotkarten, sondern Mischungen von ihnen. Man kann daher für die vielen Variationen dieser gemischten Traumbilder keine allgemeine schematische Deutung aufstellen. Es ist nötig, daß man bei Traumdeutungen dem Träumer Fragen stellt, ihn analysiert, um Einblick in seine ganze Lebenslage zu bekommen. Nur dann ist es möglich, sich Klarheit darüber zu verschaffen, warum das Unbewußte dieses Menschen gerade diesen Traum offenbarte, warum also gerade diese Mischung von Bildern geträumt wurde. Die Tarotkarten sind die Grundelemente der Traumbilder und keine Mischungen davon. Und die Grundelemente einzeln zu erklären und zu deuten ist sehr wohl möglich.

Diese Karten sind also nicht nur gut dazu, um an sich selbst zu arbeiten und sich selbst zu helfen, vielmehr möchten wir auch die Aufmerksamkeit und das Interesse der ernsten Fachleute, der aufgeschlossenen Seelenforscher, erwecken und ihnen die Augen für diese herrliche Überlieferung aus uralten Zeiten öffnen. Moses, einer der größten Propheten aller Zeiten, hat die Bilder von den großen ägyptischen Eingeweihten erhalten und sie seinem Volk, den Juden, als religiösen Schatz übergeben. Wenn Moses diese Karten so wichtig genommen hat, daß er sie als religiösen Schatz betrachtete, so werden sicher auch ernste Seelenforscher die tiefen inneren Werte dieser Karten wieder entdecken können. Noch vor kurzer Zeit wurde hier im Westen die Kurmethode der großen chinesischen Ärzte, die Akupunktur, als lächerliche Spielerei betrachtet. Heute wird von westlichen Ärzten, die den Mut aufbrachten, etwas Unbekanntes auszuprobieren, auch diese Heilmethode mit großem Erfolg angewendet. So könnte es auch geschehen, daß Seelenforscher und Seelenärzte sich für die Tarotkarten interessieren und in ihnen ein wunderbares Hilfsmittel finden, um gesunde und kranke Menschen zu analysieren und notfalls seelisch wieder in Ordnung zu bringen. Mit dem Szondi-, Wartegg-, Koch- und Rorschach-Test können geistige Störungen diagnostiziert werden. So kann man sich auch mit Hilfe der Tarotkarten viel Zeit und viel analytische Arbeit ersparen, da man sich damit in kurzer Zeit das Bild einer menschlichen Seele vor Augen stellen kann.

Die Bewußtseinsstufen, welche die Tarotkarten darstellen, werden früher oder später von allen Menschen erlebt, und die Erlebnisse entsprechen immer den Kartenbildern. Aber die Menschen erleben diese Stufen selten in der Reihenfolge, in der die Karten einander folgen. Sie erleben die Karten meist durcheinander, eben in der Reihenfolge, in der sich ihre Entwicklung vollzieht. Das Leben ist vielfältig und das Schicksal jedes Menschen ist verschieden; die Menschen entwickeln sich nicht gleich nach einem bestimmten Schema. Der eine wird in dieser oder jener Hinsicht früher reif als der andere und umgekehrt. Deshalb ist auch die Reihenfolge der Erlebnisse so verschieden. Man kann also keine allgemeinen Regeln aufstellen und nicht erwarten, daß die Menschen die Entwicklungsstufen in der Reihenfolge der Tarotkarten erleben. Manche bleiben für längere Zeit auf derselben Stufe, um nachher mehrere Stufen nacheinander zu durchlaufen. Ein anderer fängt die Entwicklung mit großer Geschwindigkeit an und erlebt die Zustände mehrerer Karten nacheinander, um dann plötzlich für lange Zeit im gleichen Zustand zu verharren. Jeder Mensch bringt vom vorigen Leben die Erfahrungen aus vielen Erlebnissen mit. Der eine hat schon viele Stufen hinter sich, der andere hat im vorigen Leben weniger erlebt und durchgemacht und wird in diesem Leben das Versäumte nachholen müssen. Das gibt dann auch große Unterschiede zwischen Mensch und Mensch. Es ist aber logisch, daß die erste Karte, das erste Bewußtwerden, unbedingt der Anfang der Reihe der Bewußtseinszustände sein muß. Ohne dieses erste Bewußtwerden ist der Mensch nur ein Tier plus Verstand und kann keine weiteren Bewußtseinszustände erleben. Es ist also verständlich, daß er zuallererst seiner Selbst bewußt werden und bemerken muß, daß er *jetzt* und *da* ist. Er muß also die absolute räumliche und zeitliche *Gegenwart* erleben. Erst nachher kann er weitere Bewußtseinszustände haben. *Bewußtseinszustände* kann also nur ein schon *bewußt* gewordener Mensch erleben.

Manche Tarotkarten wieder hängen so eng zusammen, daß sie einander unmittelbar folgen müssen. So kommt es, daß der Mensch einige Zustände in derselben Reihenfolge erlebt, wie die Karten einander folgen. Nachdem ein Mensch zum Beispiel sich im Sarg umgewandelt hat, muß selbstverständlich darauf folgen, daß er aus dem Grab steigt und aufersteht. Auf die Tarotkarte 19 muß also als innerer Zustand unbedingt die Karte 20 folgen. Oder ein Mensch hat die wirkliche selbstlose »Liebe«, also die größte und unwiderstehlichste Kraft der Welt, kennengelernt, weil Gott die Liebe ist. Daraufhin muß er unbedingt zum »Aufgehängten« werden, weil die übrigen Menschen noch alles von einem selbstsüchtigen, aus dem Paradies herausgefallenen Standpunkt aus betrachten, also alles umgekehrt sehen als derjenige, der vom Standpunkt der selbstlosen Liebe aus die Welt betrachtet. Aber vor und nach diesen Zuständen können sich auch unerwartet plötzlich andere Zustände einstellen, die sich erst viel später oder schon viel früher hätten ereignen sollen. Und wenn der Mensch dafür nicht reif ist, kann er darauf krankhaft reagieren. Dann erlebt er diese »Karten« als einen »abnormalen« Zustand. Zum Beispiel kann es vorkommen, daß ein Mensch die Stufe des »Vom Blitz getroffenen Turmes« erlebt. Es geschieht etwas mit ihm, das ihn an der empfindlichsten Stelle trifft, – eben deshalb trifft ihn das Schicksal an dieser Stelle, weil sie seine empfindlichste ist, – das ihn in seiner Stellung in der menschlichen Gesellschaft moralisch oder finanziell zugrunde richtet, das sein ganzes Leben zerstört. Wenn er nicht schon früher die Stufe des »Schicksalrades« erlebte, auf der er gelernt hat, alles, auch sein eigenes Schicksal, von einem höheren objektiven Standpunkt aus zu betrachten, dann kann es vorkommen, daß er ganz falsch auf diesen Schicksalsschlag reagiert. Er verliert dann sein Selbstvertrauen und glaubt nicht mehr an sich, aber auch nicht mehr an andere Menschen. Wenn er dazu auch die Stufe der Tarotkarte 11 noch nicht erreicht hat, so kennt er die universelle Liebe als höchste Kraft auch noch nicht. Er hat dann noch nicht die Kraft, die Menschen, die ihn vielleicht verfolgen und ihm schaden wollen, zu verstehen und ihnen zu verzeihen. Er wird dann vermutlich hassen und sich rächen wollen und vielleicht langen Streit beginnen. Damit macht er sich aber nur noch lächerlich und schadet sich noch mehr.

Alte ägyptische Wahrheit ist es, daß der unreife Mensch den Schleier von der geheimnisvollen Isis, – der Gestalt auf der Tarotkarte 2, – nicht lüften darf, da er sonst als Geistesgestörter aus dem Heiligtum herauskäme. Wodurch ein schon reifer Mensch noch gereifter und zum »Wissenden« wird, dadurch wird ein unreifer Mensch verwirrt und krank. Wenn wir die Menschen beobachten und uns mit ihnen beschäftigen, werden wir sehen, daß das die Wahrheit ist. Die Menschen sind eben darum voneinander so verschieden, weil sie, symbolisch ausgedrückt, verschiedene Mischungen der Tarotkarten sind. Und auch ihr Schicksal gestaltet sich je nach diesen verschiedenen Mischungen verschiedenartig. Aber es kommt auch vor, daß ein gemütskranker oder neurotischer Mensch durch Erlebnisse, die ihn tief erschüttern, plötzlich gesund wird. Ja, er hat eben plötzlich die noch fehlenden Bewußtseinszustände, – die noch fehlenden Karten – erlebt. Die Lücken in ihm wurden geschlossen und er konnte sich daher auf den richtigen Standpunkt stellen. Gerade auf diesem Gebiet könnte ein erfahrener Seelenarzt die Tarotkarten zu Hilfe nehmen und damit Heilerfolge haben. Er brauchte nur einige Versuche zu machen, um den tiefen Gehalt und die innere Bedeutung dieser Karten zu erkennen. Er wird dabei klar sehen, auf welcher Stufe ein Mensch sich zur Zeit befindet und welche Stufe er vielleicht zu früh oder zu spät erlebt hat. Der Seelenarzt wird auch sehen, zu welchem weiteren Zustand er einem Menschen verhelfen muß, wenn er ihm die geistige Gesundheit bewahren oder wieder in Ordnung bringen will. Natürlich sieht ein geübter Seelenarzt nicht nur den inneren Zustand und das ganze Charakterbild der Menschen, die bei ihm Hilfe suchen, sondern bis zu einem gewissen Grade auch ihr zukünftiges Schicksal. Denn jeder seelische Zustand löst als Reaktion beim Schicksal ein Ereignis aus, das geeignet ist, den Menschen auf die nächste Entwicklungsstufe gelangen zu lassen. Der Seelenarzt wird also auch bezüglich des künftigen Schicksals einige gute Ratschläge geben können.

Mit diesen Karten kann sich selbstverständlich jeder beschäftigen, sie studieren, seine eigenen inneren Zustände und damit sich selbst erkennen und in seiner Seele wenn nötig Ordnung schaffen. Das alles kann er ohne jeden Schaden, sogar mit großem Nutzen tun. Gott offenbart sich durch alles, durch Kristalle, Pflanzen, Tiere und durch den Menschen, je nach der Bewußtseinsstufe, die er erreicht hat. Gott offenbart sich aber nicht nur durch das Lebendige, sondern einfach durch alles. Durch Farben und Töne, durch Ideen und Gedanken, durch Buchstaben und Zahlen, durch physikalische und mathematische Gesetze, durch Weltkörper und durch das Atom. Ein Mensch der in allem den göttlichen Inhalt, die göttliche Offenbarung und die göttlichen Gesetze sieht, der kann sich auch mit den »geheimen« Wissenschaften, denen der Tarot zugehört, beschäftigen und kann sie studieren. Ein reifer Mensch wird in dem ganzen All die göttlichen Zusammenhänge sehen und kennenlernen. Er wird auch in sich selbst eine Offenbarung Gottes erblicken und sich als ein Offenbarungswerkzeug Gottes betrachten. Dieser Mensch wird durch ALLES, durch noch geheime und schon bekannte Wissenschaften immer nur GOTT finden.

Mit diesem Buch möchten wir das Interesse für die eigene innere Entwicklung und für die eigene Bewußtseinsstufe auf der ganzen

Jakobsleiter erwecken. Jeder Mensch kann mit Hilfe dieser wunderbaren Karten, die eine tiefe innere Bedeutung enthalten, in seine Seele hineinschauen, sich besser kennenlernen und dadurch näher zu sich selbst, – zu Gott–, kommen. Wir legen also eine wunderbare Hilfe zur Selbsterkenntnis in die Hand jedes Menschen!

Denn Selbsterkenntnis bedeutet GOTTESERKENNTNIS!

Weitere Werke von
Elisabeth Haich
und Selvarajan Yesudian

Selvarajan Yesudian + Elisabeth Haich
SPORT UND YOGA
34. Auflage, mit 74 Bildern, 284 Seiten, kartoniert,
ISBN 3-7699-0590-3

Selvarajan Yesudian + Elisabeth Haich
HATHA-YOGA ÜBUNGSBUCH
6. Auflage, mit 121 Zeichnungen, 224 Seiten, gebunden,
ISBN 3-7699-0437-0

Selvarajan Yesudian + Elisabeth Haich
RAJA-YOGA
6. Auflage, 222 Seiten, kartoniert,
ISBN 3-7699-0597-0

Selvarajan Yesudian + Elisabeth Haich
YOGA IM LEBENSKAMPF
60 Seiten, kartoniert,
ISBN 3-7699-0434-6

Selvarajan Yesudian + Elisabeth Haich
YOGA UND SCHICKSAL
60 Seiten, kartoniert,
ISBN 3-7699-0430-3

Elisabeth Haich

EINWEIHUNG

25. Auflage, 430 Seiten, kartoniert,
ISBN 3-7699-0415-X

Elisabeth Haich

DER TAG MIT YOGA

11. Auflage, mit 16 Zeichnungen, 80 Seiten, kartoniert,
ISBN 3-7699-0406-0

* * *

**INTERNET:
www.drei-eichen.de**